20世纪中国教育家画传

主编：储朝晖

HUANG YANPEI HUAZHUAN

黄炎培画传

谢长法　著

四川教育出版社

图书在版编目（CIP）数据

黄炎培画传 / 谢长法著. —成都：四川教育出版社，2013.5
（20世纪中国教育家画传 / 储朝晖主编）
ISBN 978-7-5408-6300-5

Ⅰ.①黄… Ⅱ.①谢… Ⅲ.①黄炎培（1878~1965）–传记–画册
Ⅳ.①K827＝7

中国版本图书馆CIP数据核字（2013）第034769号

责任编辑	李　涛
封面设计	何一兵
版式设计	王　凌　张　涛
责任校对	左倚丽
责任印制	田东洋
出版发行	四川教育出版社
地　　址	四川省成都市锦江区三色路266号
邮政编码	610023
网　　址	www.chuanjiaoshe.com
印　　刷	北京市兆成印刷有限责任公司
制　　作	四川胜翔数码印务设计有限公司
版　　次	2013年5月第1版
印　　次	2022年4月第4次印刷
成品规格	170mm×230mm
印　　张	15.5
书　　号	ISBN 978-7-5408-6300-5
定　　价	48.00元

如发现印装质量问题，请与本社调换。电话：（028）86259359
营销电话：15208205647　　邮购电话：（028）86259605
编辑部电话：15884467278

总　序

2007年3月5日，温家宝总理在第十届全国人大第五次会议的《政府工作报告》中郑重宣布：要提倡教育家办学。这个问题的提出显示出中国急需教育家却又缺少教育家。《国家中长期教育改革和发展规划纲要（2010~2020年）》更明确提出："造就一批教育家，倡导教育家办学。"

然而，现今即使是专门从事教育工作的人，对怎样才是真正的教育家却也没有清晰的认识。为解决这一问题，中央教育科学研究所研究员储朝晖与时任四川教育出版社社长安庆国在编写一套《20世纪中国教育家画传》丛书的想法上不谋而合，这对传承、传播中国20世纪教育家的办学理念，弘扬其教育精神和优秀思想，促进教育家办学的早日全面实现十分有益，也十分必要。

这套丛书所选择的十位传主是经过教育史专业的学者海选而产生的，他们是王国维、蔡元培、陶行知、张伯苓、胡适、梅贻琦、黄炎培、徐特立、陈鹤琴、晏阳初，我认为他们确实代表了20世纪对中国教育有巨大影响的教育家群体。

这套丛书突出传主的教育思想、办学理念、办学实践，尤其凸显传主的教育家精神；注重以史料为依据，对传主的教育贡献作客观评价，实事求是，还原历史，避免主观，不做有意拔高；全书插入大量珍贵历史图片，以图文并茂的方式呈现历史画卷，使得丛书具有了较高的学术价值、收藏价值以及观赏性和可读性。同时，丛书主编精心挑选各位传主研究方面的专家担任各分册作者，较好地保证了整套丛书的编写深度和质量。其中黄延复研究梅贻琦、宋恩荣研究晏阳初、梁吉生研究张伯苓、戴永增研究徐特立、金林祥研究黄炎培、储朝晖研究陶行知都有二十多年了。我与储朝晖第一次见面是在1988年，他拿着一封方明的信来找我，正是为了查阅北京师范大学图书馆特藏部的陶行知研究资料。北京大学图书馆研究馆员邹新明研究胡适、西南大学教授谢长法研究黄炎培、陈鹤琴外孙柯小卫研究陈鹤琴、青年传记文学作家窦忠如研究王国维，他们也都是长期从事相关研究的专家学者，堪称黄金组合。这套书将有助于读者更好地领会各位教育家的精神真谛。

　　希望这样一套难得的好书，能激励有志教育的人成为教育家，切实有效地推动中国的教育家办学进程。

提出大职业教育主义
征求同志意见

（1925年12月13日）

黄炎培

我们同志八九年来所做工作，推广职业学校，改良职业学校，提倡职业补习教育等等，也算"尽心力而为之"了。可是我们所希望，百分之七八十没有达到。这是什么缘故呢？国事捣乱，教育当然不发达，不差；社会经济困难，职业教育当然不发达，不差；一般教育不发达，职业教育当然不发达，也不差。可是平心想来，这种责任是否可以完全推在"时机"身上？设遇到良好时机，照我们所用方法，是否一定的大收效呢？就是遇到不良好时机，究竟有没有法子可以战胜困难，可以自己造成较好的环境，使我们工作收效呢？想了又想，依这样方针，用这样方法，吾就不说"不对"，吾总要说"不够"。

"不够"怎样呢？以我八九年的经验，很想武断的提出三句话，就是：（一）只从职业学校做工夫，不能发达职业教育；（二）只从教育界做工夫，不能发达职业教育；（三）只从农工商职业界做工夫，不能发达职业教育。

只从职业学校做工夫，使得职业学校以外各教育机关总觉你们另是一派，与我们没有相干。岂知人们常说什么界什么界，界是分不来的。不要说师范教育、医学教育等等都是广义的职业教育，就是大学、中学、小学，和职业教育何尝没有一部分关系？大学分科，高中分科，是不用说了，初中何尝不可以兼设职业科，小学何尝不可以设职业准备科？何况初中还有职业指导，小学还有职业陶冶呢。要是此方认为我是职业学校，与一般教育无关系，彼方认为我非职业学校，与职业教育无关系，范围越划越小，界限越分越严，不互助，不合作，就不讲别的，单讲职业教育，还希望发达吗？所以第一层只从职业学校做工夫是不行的。

办职业学校最大的难关，就是学生出路。无论学校办得那么好，要是第一班毕业生没有出路，以后招生就困难了。万一第二班再没有出路，从此没有人上门了。怎样才使学生有出路呢？说几句联络职业界的空话是不够的。设什么科，要看看职业界的需要；定什么课程，用什么教材，要问问职业界的意见；就是训练学生，也要体察职业界的习惯；有时聘请教员，还要利用职业界的人才。不只是参观啦，实习啦，请人讲演啦，都要职业界帮忙哩。最好使得职业界认做为我们而设的学校，是我们自家的学校，那就打成一片了。所以只从教育界做工夫也是不行的。

社会是整个的。不和别部分联络，这部分休想办得好；别部分没有办好，这部分很难办的。譬如农业学校和农家联络，工业学校和工厂联络，是不用说的了。可是在腐败政治底下，地方水利没有办好，忽而水，忽而旱，农业是不会好的；在外人强力压迫底下，关税丧失主权，国货输出种种受亏，外货输入种种受益，工业是不会好的。农工业不会好，农工业教育哪里会发达呢？国家政治清明，社会组织完备，经济制度稳固，犹之人身元气浑然，脉络贯通，百体从令，什么事业会好。反是什么事业都不会好。所以提倡职业教育而单从农工商职业界做工夫，还是不行的。

那么，怎样才好呢？积极说来，办职业学校的，须同时和一切教育界、职业界努力的沟通和联络；提倡职业教育的，同时须分一部分精神，参加全社会的运动。消极说来，就算没有诎诎的声音颜色，只把界限划起来，此为"职业教育"，彼为"非职业教育"，已经不行哩。换一句话，内部工作的努力不用说了，对外还须有最高的热诚，参与一切；有最大的度量，容纳一切。其实岂但职业教育，什么教育都该这样，也许什么事业都该这样。这样职业教育方针称他什么呢？大胆的称他"大职业教育主义"。

可是一味务外而置对内工作于不顾，当然不行，是万不可误会我的主张的。

同志诸君以为怎样？赞成呢，反对呢？很愿请教请教。

（原载《教育与职业》第71期，1926年1月）

目录 Contents

目录 Contents

一　清末民初教育改革浪潮
中的"弄潮儿"

1905年黄炎培一家合影。左起：二妹黄兼德（抱黄炎培次子黄竞武）、大妹黄冰佩、祖母（牵黄炎培长子黄方刚）、黄炎培、王纠思。

早年的教育

1. 家世

今天上海浦东新区川沙镇镇中心，有一所百多年的名宅——内史第，光绪四年九月初六日（1878年10月1日），黄炎培就出生在这里。

内史第为清咸丰九年（1859）举人、内阁中书沈树镛的住宅。沈树镛有姐妹各一，姐姐所嫁，即黄炎培的祖父黄典谟，妹妹所许，乃黄炎培的外祖父孟荫余。黄炎培的父亲名黄叔才，母亲曰孟樾清。孟家时为南汇望族，诗书世家，所以，大家闺秀的孟樾清知书识礼，贤淑勤俭，幼时的黄炎培受母亲影响至深。1887年，因黄叔才北上就职，九岁的黄炎培随母亲到外祖父家居住，并在孟荫余家设的私塾——东野草堂就读。在东野草堂，黄炎培在外祖父的指导下，熟读四书、五经等传统典籍。

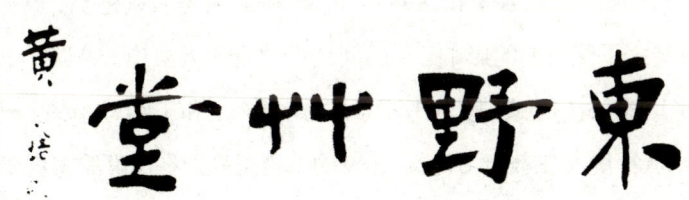

黄炎培题"东野草堂"匾额。

1905年春，黄炎培与王纠思及次子黄竞武在上海留影。

十二三岁时，读张载《西铭》，始受其"民吾同胞，物吾与也"的影响，从而萌生了广泛的人道主义思想。1891年和1894年，母亲和父亲先后病逝后，黄炎培受其姑父沈树镛之子沈肖韵的影响，先后阅读严复译《天演论》等西学书籍。1899年，黄炎培应松江府试，顺利考中了秀才。同年，和王纠思结婚。王纠思生于1883年，从小随父王筱云习诗文。1897年，当王筱云在沈肖韵家看到黄炎培的诗文时，大加赞赏，在进一步了解了黄炎培的情况后，他欣然地作出了将爱女嫁与黄炎培的决定。出身于诗书之家的王纠思，知书达理，善良贤淑,自和黄炎培结婚以来,不仅"料理家事,极其俭省勤劳",而且,相夫教子,极力支持黄炎培的活动和工作。1900年的一天,沈肖韵寄信给黄炎培说,上海南洋公学正在招生,希望他赶快去报名应考。1901年夏,在沈肖韵和舅父孟侣鸥、表伯奚子欣的资助下,黄炎培顺利考入南洋公学特班。

2. 在南洋公学接受新思想

南洋公学由盛宣怀于1896年4月创办,这所中国最早采用分级教育制度的新式学堂,分师范院、外院、中院和上院,各以四年毕业,并"特设一班,以待成材之彦之有志西学者",担任该校特班总教习的蔡元培除于校中开设新式课程外,还特别注意向学生灌输爱国思想,启迪民智。黄炎培于1901年投考该校特班,选读外交科。当时,特班学生计42人,和黄炎培同在特班学习的还有邵力子、李叔同、谢无量、胡仁源等。南洋公学可谓是黄炎培人生之旅中的一个重要驿站,在这里,他不仅受到蔡元培的引导,而且得到了新思想的启迪。

南洋公学创办人盛宣怀。

特班课程主要有政治、法律、外交、财政、教育、经济、哲学、科学等,学生在学习以上课程时,还要学习英文、日文,间习体操。蔡元培于教学非常重视,他曾对黄炎培等同学说:"你们将来为国家社会服务,须吸收世界知识,那非学好西文不

1902年任南洋公学
特班总教习时的蔡元培。

可，如买西文书本，价太贵，日文书便宜，也可以得世界知识。"[1]

在南洋公学，黄炎培按照蔡元培亲自写定的修学门类及每一门类应读之书进行学习。他十分崇拜蔡元培的见识、能力和思想，敬佩蔡元培的为人。当时，蔡元培给他的印象是："衣冠朴雅，仪容整肃，而又和蔼可亲。"而在正课之外，黄炎培和特班其他学生还要按蔡元培的要求每日写札记作为日课，蔡元培亲自批改；每月测评一次，作为月课。蔡元培对黄炎培的日课及月课期望甚殷，而黄炎培也不负老师的厚望。在1901年8月至12月的总评中，黄炎培的日课暨月课在35名学生中名列第十，其中有两个月考评为100分，被蔡元培称为"高材生"之一。

此外，特班学生在学校还有一项课外工作，那就是学演说。蔡元培对黄炎培说："要唤醒民众，固然可以靠文章，但民众识字的少，如能用语言，效用更广。"[2]因此，他就让黄炎培等修演说学，组织演说会。可以说，日后黄炎培突出的讲演能力，最初也是在南洋公学打下的基础。

正是由于在南洋公学受到蔡元培的谆谆教诲，以及所接触的西方政治学说和大量西学知识的影响，黄炎培逐渐形成了自己的世界观、价值观和思想行为模式。正如黄炎培自己所言："最初启示爱国者，吾师；其后提挈革命者，吾师。"由于黄炎培的进步和突出表现，他得到了蔡元培的充分信任和肯定。

1902年11月，南洋公学因"墨水瓶事件"掀起学潮，包括黄炎培在内的特班生大都选择退学，以示对学校封建专制的反抗。特班解散后，即将离校时，蔡元培对黄炎培等说："中国国民遭到极度痛苦而不知痛苦的由来，没有能站立起来，结合起来，用自力来解除痛苦。你们出校，必须办学校来唤醒民众。"[3]遵蔡元培之嘱，黄炎培回到家乡，创办新式学堂，开始走上"教育

---

[1]黄炎培：《四十年前在校求学之所得》，载《国讯》第333期，1943年4月。

[2]黄炎培：《四十年前在校求学之所得》，载《国讯》第333期，1943年4月。

[3]黄炎培：《八十年来——黄炎培自述》，文汇出版社2000年版，第60页。

南洋公学校门。

救国"之路。

　　于南洋公学求学是黄炎培接受新思想的开始。1933年5月30日，黄炎培在《川沙公立小学校史最初的一叶》中也这样回忆道："我在上海南洋公学读书，到了十月，公学发生罢学大风潮，退学的学生，大部分联合起来，创办爱国学社于上海。我呢，和川沙一般朋友如张伯初先生（名志鹤）等，老辈如陆逸如先生（名家骥）等，都是受着了'教育救国'新学说的影响。看看国事，已经糟到不可收拾；看看老百姓，大家还是睡着鼓里。记得当时我还亲见一本书，叫做《并吞中国策》，是日本尾崎行雄做的，简直不把我们中国放在眼里。大家发一个愿，认为要救中国，只有到处办学堂。"[1]

[1]黄炎培：《川沙公立小学校史最初的一叶》，载《川沙县志》（卷9），上海国光书局1937年版，第24页。

从事新式教育和革命活动

1. 身陷"新场党狱"

在清末,黄炎培是江苏省一个十分活跃的人物:他参加同盟会,负责《申报》驻上海办事处的工作;曾任江苏省咨议局议员,积极参与南洋劝业会事务所的工作,发起南洋劝业会研究会……但是,虽然此间黄炎培常常身兼数职,而最值得称道的还是他所钟情、从事的新式教育工作。

1902年秋,黄炎培应江南乡试,中举人;是年冬,南洋公学被迫解散后,他开始募款兴学。1903年初,经当时的两江总督张之洞审批,黄炎培将家乡川沙的观澜书院改办成川沙小学堂,自任总理(即校长),并创办开群女学。从此,他开始走上了教育救国、开启民智的道路。在从事新式教育期间,思想激进、热血沸腾的黄炎培,常常通过公开演说的方式,痛陈时弊,宣传民主,以唤醒国民。

然而,教育救国、开启民智的道路是艰难、泥泞、曲折的。1903年8月15日,为宣传鼓动新学,提倡民主,黄炎培、顾次英、张志鹤三人在南汇新场进行演说。知县戴运寅为邀功请赏,将他们和前来听演说的张尚思一起逮捕,污蔑他们为革命党,电禀两江总督和江苏巡抚,请示惩治办法。由于两江总督和江苏巡抚一个回电就地正法,一个回电解省讯办,戴运寅乃再次去电请示。趁此期间,南汇青年陆家桢星夜赶往上海找到黄炎培的好友法国牧师步惠廉,并在杨斯盛的资助下,请到美国律师佑尼干出面,最后在"就地正法"的电令到前一小时,将黄炎培四人保释出狱。

"新场党狱"四人合影。左一为黄炎培。

　　"新场党狱"后，黄炎培等四人连夜乘坐"西伯利亚轮"亡命日本。此时，在日本，留日学生所从事的革命活动日益深入，黄炎培通过刘季平等革命党人，对革命有了更深刻的认识；同时，也更加坚定了"要救中国，只有办学堂"的信念。1904年回国时，他将自己的"楚南"之号改为"韧之"，取牛皮坚韧之意，以此明志。

　　回到国内的黄炎培，迅速投入到当时的革命洪流中。1905年8月，他加入同盟会；此后，又先后创办和主持广明小学和师范讲习所及浦东中学，并在爱国学社、城东女学堂任教；1906年9月接任同盟会上海地区负责人，负责《申报》驻上海办事处的工作；1909年9月，江苏省咨议局成立，任常驻议员；1911年10月，受江苏苏南各县公推，到苏州劝说江苏巡抚程德全反正，随之，江苏独立，被任命为省民政司总务科长兼教育科长。在从事革命活动的同时，黄炎培仍继续办学堂，兴教育。而就其教育活动言，则以主持浦东中学和领导江苏学务总会最为引人注目。

2. 主持浦东中学

　　1906年10月，上海名士杨斯盛在浦东六里桥购地40亩，创办浦东中学，并于1907年1月建成开学。杨斯盛聘请黄炎培任学监（校长）之职，主持校舍建设和教师聘任等事宜。1908年5月，杨斯盛临终时对黄炎培说：我早就知道咱们浦东中学"基金不够，还想天假余年，学校还应大扩充。我死，你将向哪里募款呢！现在我勉力凑捐基金十二万两。只望我死后，支撑这校的稍减艰苦"，你和各位校董勉力吧！[1] 黄炎培牢记杨斯盛的话，他没有让杨斯盛失望。在主持浦东中学期间，他注重向学生宣传爱国思想，将爱国主义内容

1907年黄炎培（后排右一）与杨斯盛（前排左三）及浦东中学校董、教师合影。

----

[1] 黄炎培：《八十年来——黄炎培自述》，文汇出版社2000年版，第75~76页。

融于教学之中；强调学校和家庭、社会的联系，专门组织家长会，定期带学生远足，强化教学实习；通过体操课、课外体育活动、组织运动会等，加强对学生进行体育训练。后来，浦东中学声名远扬，人称"南浦东，北南开"。

3. 领导江苏学务总会

江苏学务总会的前身是江苏学会。1905年10月，阳湖县绅士恽祖祁首先发起成立了江苏学会。11月，黄炎培和张謇、沈恩孚、杨廷栋等人在上海集会，与江苏学会负责人商议在江苏学会的基础上筹建江苏学务总会。12月，他们委托农工商部参议、崇明县绅士王清穆上《设立江苏学务总会呈》，得到了学部和时任江苏巡抚端方的首肯。之后，学务总会筹组者采用上海总商会的办法，拟定了《江苏学务总会章程》，规定江苏学务总会的宗旨为："专事研究本省学务之得失，以图学界之进步，不涉学界外事。"[1] 考虑到交通之便，学会总部设于上海。总会成立后，公举张謇为总理，黄炎培则担任调查部干事员。

江苏学务总会总理暨江苏教育总会会长张謇。

1906年9月，依学部7月制订的《各省教育会章程》之规定，江苏学务总会更名为江苏教育总会，会所地址

---

[1]《江苏学务总会章程》，见江苏学务总会编：《江苏学务总会文牍》，江苏学务总会1906年印行，"初编上"第3页。

江苏教育总会会所。

仍设在上海，由张謇担任会长。规定，总会除随时查照学部所定的《各省教育会章程》办理外，还应在普及教育、政治教育、实业教育、尚武教育等方面特别注重，并辅助本省教育行政，加强与各省教育总会的联络。江苏教育总会成立后，多次召开会议，对本省教育发展进行规划，黄炎培时有参加，并于1910年8月任常任调查员后，调查通州、苏州等地学务和高邮城乡教育冲突，提出了多项建议。

1912年10月，依9月教育部《教育会规程》之规定，江苏教育总会更名为江苏省教育会，并在原《江苏教育总会章程》的基础上新制订了《江苏省教育会章程》，于10月15日颁布。其中规定，江苏省教育会的宗旨为："审民国之前途以定方针"及"审本省之现状以求进步"。[1] 主要研究关于学校教育、社会

[1] 朱有瓛、戚名琇、钱曼倩、霍益萍编：《中国近代教育史资料汇编·教育行政机构及教育团体》，上海教育出版社1993年版，第281页。

教育和家庭教育等事项，力求使教育发达。

江苏省教育会成立后，从1912年到1921年8月由张謇任会长，1921年8月以后由袁希涛任会长，王同愈、黄炎培则先后任副会长。

首倡"实用主义"办教育

1912年1月1日，孙中山在南京就任临时大总统，中华民国诞生。1月3日，临时政府在南京成立。同日，蔡元培被任命为教育总长。1月9日，临时政府教育部成立。4月22日，蔡元培致信黄炎培，请他速到北京担任教育部普通教育司司长一职，言曰"以全国与一省较，轻重悬殊，务请承诺"。因没有收到黄炎培的及时回复，4月27日，蔡元培乃以"万急"信再次致黄炎培，提出普通教育司司长一职"非公自任不可，务乞承诺"。之后，黄炎培赴北京协助蔡元培推行教育改革。

12月，黄炎培被委任为江苏省教育司长。这一职务，对于黄炎培来说，可以说是十分适合的。作为江苏人氏，早在清末就担任江苏教育总会常任调查干事的他，对江苏教育多有了解、认识和感悟。而就他本人而言，也希望对家乡教育有所规划和贡献。所以，1913年1月，担任江苏省教育司长仅一个月的他，即在《江苏省教育行政月报》第1号上，发表了《江苏今后五年间教育计划书》。该《计划书》对江苏省未来五年各级各类教育均作了规划，尤其是关于实业教育方面，对农业学校、工业学校、商业学校和女子职业教育，析之甚详。

然而，由于数千年来重士轻工、重义轻利等价值观念根深蒂固，在民国成立之初，人们对实业学校少有问津，而对法政学校却趋之若鹜。据统计，1913年，全国计有专门学校89所，其中法政专门学校即有56所；而在江苏省，各种法政学校即达15所，在校学生4742人，而同期该省新办的六所省立农业、工业和师范学校仅招到合格学生471人。对此，黄炎培叹曰：这真是"教育前途危险之现象"啊！不仅如此，当时，无论是普通中学，还是实业学校，学生所学多脱离生活实际，各种学校的学生，只要是一毕业，文凭一拿到手，就认为目的已经达到，至于自己所学的是否合于处世谋生之道，却从来不顾及，以致毕业后多不能适社会之需，应社会之用。有鉴于此，黄炎培特作《学校教育采用实用主义之商榷》，于1913年8月由江苏省教育会出版单行本，并请江苏省教育会分送本会会员暨各省教育会、各县市乡教育会，广征意见。

在《学校教育采用实用主义之商榷》中，黄炎培明确而深刻地揭示道：现在的学生，从学校毕业之后，往往所学不能致用，从实际应用上来说，可以说是所学一无所得，这一状况如果一直不得改变，那么，"学校普而百业废，社会生计绝矣"。[1]

那么，如何根除这一积弊呢？黄炎培认为，必须使教育内容适应社会的需要，加强教育和现实生活的联系。具体而言，德育"宜归于实践"，体育"求便于运用"，智育则"授以生活所必需之普通知识技能"。从这一教育作用观出发，黄炎培主张学校的各种教科都应以实用为目的，以现实生活所需为内容，加强与个人生活和社会现实的联系。在黄炎培看来，如今的教育所施，必须是"打破平面的教育，而为立体的教育"，也即"欲渐改文字的教育，而为实物的教育"，一言以蔽之，即"实用主义教育"。它是疗治教育界种种弊端"唯一之对病良药"。

黄炎培最后说，事实上，实用主义教育并非自己的"创论"，在欧美一些国家"不仅著为学说，且见诸实行"，日本也将之作为舶来品，辄以提倡注重。为了用事实说明这一学说"非无所据"，黄炎培还决定辑录两种有关实

---

[1] 黄炎培：《学校教育采用实用主义之商榷》，载《教育杂志》第5卷第7号，1913年10月。

附錄

學校教育採用實用主義之商榷

黃炎培

教育界諸君子鑒之。吾今借此短帙。欲與諸君子有所商榷。間嘗竊議今之學校教育。殆未盡善。教育者教之育之。使備人生處世不可少之件而已。人不能舍此家庭絕此社會也。則亦教之俾處家庭社會間。於己具有自立之能力。於人能為適宜之應付而已。析言之。即所謂德育者宜歸於實踐。所謂體育者求便於運用。而所必需之普通知識技能而已。乃觀今之學子。往往受學校教育之歲月愈深。其厭苦家庭鄙薄社會之思。而所謂智育。其初步一遵小學校令之規定。授以生活。

想愈烈。扞格之情狀亦愈著。而其在家庭社會間所謂道德身體技能知識。所得於學校教育。堪以實地運用。處亦殊碌碌無以自見。即以知識論。慣作論說文字。而於通常之存問書函。意或弗能達也。能舉拿破侖華盛頓之名。而親友間之互相稱謂弗能。筆算諸書也。習算術及諸等矣。權度在前弗能用也。習理科略知植物科名。矣而庭除之草。不辨其為何草也。家具之材。不辨其為何木也。此其著之現狀。固職教育者莫能為諱者。然則所學果何所用。而所謂生活必需者。或且在彼不在此耶。

自社會困於生計。於是實業教育問題惹起一世之研究。一般論者謂將以教育為實業之先導。不得不以實業為教育之中心。其道維何。曰多設實業學校也。曰普通學校加設實業科也。曰提倡實業補習教育也。曰於流所趨。幾不聞有歧出之論調。余亦推澄此潮流之一人也。進而思之。誠將以實業為教育中心。則一切設施。

黄炎培发表于《教育杂志》上的《学校教育采用实用主义之商榷》。

用主义的著述，供大家参考研究。他希望学界对于"今日吾国教育是否宜采用此实用主义"以及"对于实用主义之批评"，能够畅所欲言，积极发表所见。[1]

10月，《教育杂志》第5卷第7号将此文刊出，"一时为文表示对于斯主义之意见者，弗可数，日报月志，转相刊载，咸有论列"，[2]在教育界引起了强烈反响。《教育研究》《中华教育界》多有刊登有关实用主义教育的文字。与此同时，张元济、潘文安、陆培亮、林可培、项镇方、朱华、孙平成、李荣怀、杨卫玉、俞子夷、林传甲、顾旭侯、赵宗抃、潘吟阁、袁虞臣、王定国、沈宗璜、周本培、袁培基等十九人纷纷致书黄炎培，对实用主义教育这一口号和理念发表自己的看法。其中虽有反对之辞，有疑虑之思，但更多的却是支持之声。

针对大家的意见，1914年2月，黄炎培又作《学校教育采用实用主义第二回商榷书》。文中，黄炎培特别针对大家的疑虑和反对意见（"恐遍于机械的而缺精神的""恐专务实事实物而全废理论""不宜全废系统""恐不适于生徒程度"等）一一进行了解释。3月10日，《教育研究》将黄炎培《实用主义小学教育法》和《学校教育采用实用主义第二回商榷书》作为"新年号"（临时增刊）出版。同时，黄炎培和杨保恒辑译的《实用主义小学教育法》由江苏省教育会出版发行。该书"旨在发挥小学校之实用主义"，其编辑大体虽然"以日本竹原久之助所著《小学校实用的施设》为准据，而内容则大加损益，不事直译，以求适切于吾国今日之实用"，并认为"本书所述种种方法，可依地方及学校情形而斟酌取舍，庶无背乎实用之道"。[3]它计分15章，分别是：

---

[1]黄炎培：《学校教育采用实用主义之商榷》，载《教育杂志》第5卷第7号，1913年10月。

[2]黄炎培：《实用主义产出之第一年》，载《教育杂志》第7卷第1号，1915年1月。

[3]杨保恒、黄炎培辑译：《实用主义小学教育法》，江苏省教育会教育研究部1914年印行，"例言"。

实用教育之必要，实用教育所当注意之事项，实用教育之关系事项，实用教育与各方面之关系，实用教育与教员之关系，实用教育与教授之关系，修身科之实用教育，国文科（读法）之实用教育，国文科（作文）之实用教育，国文科（书法）之实用教育，算术科之实用教育，理科之实用教育，技术科之实用教育，其他教科目之实用教育，各种之实用的设施。书末并附有黄炎培的《学校教育采用实用主义第二回商榷书》。

在黄炎培的《实用主义小学教育法》出版和《学校教育采用实用主义第二回商榷书》发表后，教育界对实用主义教育"鼓吹之声愈唱而愈高，响应之区渐推而渐广"。[1] 至1914年间，实用主义教育蔚然成为一种教育思潮，激荡于教育界。不仅有关实用主义教育的理论著作开始出版，而且冠名为"实用"或"实用主义"的教科书也不时推出。特别是《教育杂志》，还针对"实用主义教育"向学界广泛征求意见，将所得的意见书若干辑之，以"教育研究实用主义问题"为名，作为第6卷"临时增刊"于7月正式出版发行。"增刊"除刊有黄炎培和庄俞分别写的"叙"和"弁言"外，还登有由廉方、邢定云、王荧、丁德合四人所写的四篇《今日学校教育

《实用主义小学教育法》辑译者之一杨保恒。

---

[1] 黄炎培：《实用主义产出之第一年》，载《教育杂志》第7卷第1号，1915年1月。

应否采用实用主义》的同名文章，以及范善、夏绍侯、潘文安等几位小学教员所写的五篇《实用主义实施法》的文章，另外还有日本学者佐藤仁寿的实用主义各科教授法新论之一——《实用的教授法》。

这些文字对实用主义教育进行了多方面、多方位的解读，极力论证实用主义教育的合理性和可行性，多方阐述施行实用主义教育的必要性，并拓展实用主义于教育上的应用范围。大家和黄炎培一样，不仅认为实用主义教育实乃在欧美一些国家和日本已经得到了认可，乃世界教育大势，而且也确信它是符合中国教育现状，适合社会生活需要的。

而在教育界对实用主义教育愈加鼓吹、愈益响应的同时，黄炎培仍不时地对实用主义教育这一理论的实施奔走呼号。他不仅在《教育杂志》上发表《实用主义产出之第一年》（第7卷第1号）、《实用主义产出之第二年》（第8卷第1号）等文章，介绍了1914和1915两年间实用主义教育在国内的发展盛况，而且还先后在天津演讲《实用主义国文作法》，在江苏省立第三师范学校单级教授研究会上演讲《实用主义之真谛与一年间之实施状况》（该演讲文刊于《教育研究》第21期）等，在总结对实用主义教育研究、实施现状的同时，继续阐发实用主义教育的实质内涵和实施的必要性及重要意义，消除教育界人士对这一理论尚存的不明、偏见乃至误解。

在总结了实用主义教育的实施情况后，黄炎培愈加坚定：教育不可不急求改良，以趋实用；教学不能让学生读死书，应更加注意实用之材料。总之，"欲求学校教育之见功，教育主义必注重实用而后可"。因此，他希望学校的教育工作者对实用主义教育的实施利弊进行总结分析，以引起"海内诸教育家共同研究"。黄炎培自信地断言：如果这样，那么即"可以挽回今日教育之颓风"。[1]

---

[1] 黄炎培：《实用主义之真谛与一年间之实施状况》，载《教育研究》第21期，1915年5月。

国内教育考察：职业教育的孕育

在倡导实用主义教育的同时，1914年2月22日至5月27日和1914年9月14日至10月21日，黄炎培分别对安徽、江西、浙江和山东、直隶进行了考察，期间，并不时对实用主义教育加以宣传和鼓吹。

1913年12月，鉴于教育经费棘手，加之不满袁世凯的独裁统治，黄炎培毅然请辞了江苏省教育司长的职务，在辞职声明中，其曰：

《申报》总经理史量才。

上海《申报》馆大楼。

炎培佐理本省教育行政，二年于兹，力小职重，时惧弗称，会遘宁变，具呈恳辞。民政长莅任，面申前请，未获俯允。只念大难初平，凡百倥偬，不敢以一部分之教育行政，重烦台座之忧。追随三月，愧悚有加，短绠无望于汲深，驽力已疲于屡策。即使忘其固陋，勉效驱驰，而斗筲之材既穷，恐尺寸之效莫见。惟有沥陈下悃，求遂初衷。[1]

1914年2月17日，黄炎培正式交卸江苏省教育司长一职，之后，黄炎培在好友史量才的支持下，以《申报》记者的身份对安徽、江西、浙江三省进行考察。他认为："吾辈业教育，教育此国民，譬之治病。外国考察，读方书也；内国考察，寻病源也。方书诚不可不读，而病之所由来与其现象，不一研究，执古方，治今病，执彼方，治此病，病曷能已。"[2]

是次考察历时95天，黄炎培对三省的教育状况、社会情形乃至山川名胜等作了详尽的记载，编辑成《黄炎培考察教育日记》第一集，由上海商务印书馆于1914年12月出版。1914年9月，他又北上，对山东、直隶两省进行了为期36天的考察，所撰文稿笔记编辑为《黄炎培考察教育日记》第二集，由上海商务印书馆于1915年7月出版。由于黄炎培两次国内之游其目的是作教育考察，故两部"日记"内容也重点记录教育状况："第一集"关于教育状况和教育意见的记载占内容一半，而"第二集"更是达到四分之三。而在这两次考察教育日记出版之前，有关的考察内容曾以《考察本国教育笔记》《考察皖赣浙教育状况之报告》等为名先行在《教育杂志》《教育研究》上刊出。

在两次国内考察中，黄炎培马不停蹄，对五省一些主要的（女子）小学、（女子）中学、（女子）师范学校、实业学校作了较为详细的调查，对五省的

---

[1]《江苏教育司长黄炎培辞职》，载《教育杂志》第5卷第11号，1914年2月。
[2]黄炎培：《黄炎培考察教育日记》（第一集），上海商务印书馆1915年版，第1~2页。

《黄炎培考察教育日记》（第二集）首页。

《黄炎培考察教育日记》（第一集）封面。

学校状况及优劣进行了分析、说明。在考察的同时，黄炎培还多次应邀进行教育演讲。如2月27日，于芜湖圣雅各高等学校演说《实用教育主义之关系》；3月9日，于安徽省立师范学校讲演《实用主义之旨趣》；3月24日，于九江应圣约翰中学之邀，演讲《学求实际》；4月9日，于南昌心远中学演说《谨希望诸君各注意切近平实之学问与道德》；10月16日，应天津教育界之邀发表演讲，认为"中国兴教育几二十年矣，然皆纸片的、书本的，而非实际的"，倡言"今欲打破平面的教育，为立体的教育，非用实物或模型标本教授不可"。[1]

不仅如此，每次考察结束，黄炎培都认真地总结、思考、探索，分析教育发展中有关教师、教材、教法等方面的问题，寻求中国教育改革的方向和出

[1]黄炎培：《黄炎培考察教育日记》（第二集），上海商务印书馆1915年版，第148页。

路。如第一次考察后,他认为,三省教育情形和社会状况存在的共同问题有:
"各种社会无一不困于生计,但求得过且过为佳,断无三年九年之蓄";"各
地中等学校,其教材类有过多之病,于脑力上既患用之过度,于智识上尤患
食而不化";大多数学校的教授以注入为主,"国文科命题作文,论说体占大
多数,其材料史事占大多数,令习书信及其他日常应用文字者绝少;修身均用
课本,专事讲演,于德育实际上殊无何等之影响。"[1]第二次考察后,他更
是叹曰:"学校训练难言矣,教授大都用注入式";"各种学校毕业生,除升学
外几无他路,此为方今教育亟待研究之点,若中学校为尤甚。"[2]

两次国内教育考察,使黄炎培对中国教育的症结问题有了更为明确、清
醒的认识,而这个症结就是中国教育和实际相脱离,不能适应社会的需求。
因此,在考察中,他仍在不遗余力地宣传、强调教育上的实用主义,号召学求
实际。虽然他没有明言要通过在中国发展职业教育来改变中国教育的窘状,
但是他在考察过程中所提出的社会生计问题,学校毕业生特别是中学校毕业
生的出路问题等,实际上又反映出他已经开始在致力寻求一种更好的教育形
式。可以说,此时职业教育已经开始在黄炎培的心中孕育了。当然,真正地对
职业教育开始体认并倡导、引入,则是自他的美国之行始。

---

[1]黄炎培:《黄炎培考察教育日记》(第一集),上海商务印书馆1915年版,第205~207页。
[2]黄炎培:《黄炎培考察教育日记》(第二集),上海商务印书馆1915年版,第158页。

二　职业教育在中国的萌生

考察日本、菲律宾教育团成员。后排右一为黄炎培，右二为陈宝泉，右三为蒋维乔；前排右一为郭秉文。

美国之行：职业教育的孕育与引入

1. 孕育职业教育

1915年4月初，中国组织了以张振勋为团长、聂其杰为副团长的共17人的游美实业团赴美考察，并参加在旧金山举行的巴拿马太平洋万国博览会，黄炎培受聘担任随行记者，调查美国教育。当时美国职业教育体系已基本得以确立，职业教育的开展在美国已经取得了突出的成就。因此，作为心中已经开始孕育职业教育的黄炎培，是次调查美国教育的目的："一为职业教育之状况，一为职业教育与普通教育之联络问题。"[1]

4月9日，考察团一行在上海乘太平洋公司"满洲利亚"号轮船出发，5月3日抵达旧金山，第一批成员先行于8月2日回抵上海，而黄炎培则直到8月25日才归国。除了途中所耗一个半月，参观太平洋万国博览会一个月外，黄炎培计在美考察教育两个月。两月间，每到一地，他都以考察当地学校为务，共参观学校52所（其中中学校19所，小学校12所，师范学校和实业学校各6所，大学校4所，蒙养园2所，其他学校3所）。[2]鉴于自己对国内中

[1] 黄炎培：《调查美国教育报告》，见中华职业教育社编：《黄炎培教育文集》（第1卷），中国文史出版社1994年版，第266页。
[2] 黄炎培：《游美随笔》，见中华职业教育社编：《黄炎培教育文集》（第1卷），中国文史出版社1994年版，第165页。

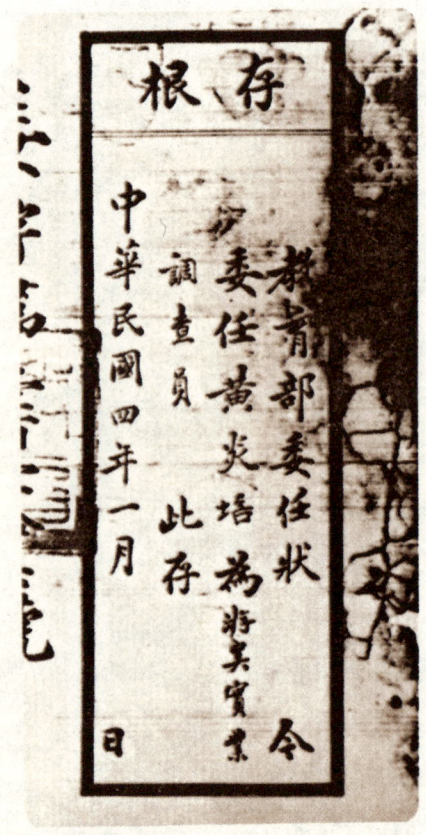

教育部委任黄炎培为"游美实业调查员"存根。

学教育的弊端已经有了更深更多的认识，加之职业教育与中学关系密切，黄炎培将调查学校的重点放在了中学上。通过调查美国学校，黄炎培深深感到：美国之于职业教育之重视；职业教育与普通教育相互联络、互相依赖、互相调剂已达相当之程度；职业工人社会地位和经济地位之高；美国教育无论何科教育，皆注重实用；美国所设的专为学生介绍职业的职业指导机关，使得职业学校的学生毕业后绝大多数都有相当的职业；等等。这一切，都给黄炎培留下了极好、极深的印象。

2. 引入职业教育

在美考察教育期间，黄炎培先后拜见了被称为译书巨擘的傅兰雅、世界著名的发明大王爱迪生、汽车大王亨利·福特，并在华盛顿受到美国总统威尔逊和国务卿布莱恩的接见。另外他还结识了时在哥伦比亚大学留学的蒋梦麟，并在蒋的陪同下，到各地参观。

6月30日，在考察过美国教育后，黄炎培专门留下来，利用一个月的时间，参观了在旧金山举行的太平洋万国博览会，并重点考

发明大王爱迪生。

察了博览会的教育馆,写了《一月间所见之巴拿马太平洋万国博览会》《巴拿马博览会陈列装饰法之一斑》《巴拿马万国博览会之教育馆》等多篇观感。在《巴拿马万国博览会之教育馆》中,黄炎培介绍了美国的职业教育并给予了肯定。其中曰:"美国人有一种理想,以为国家已达政治上之共和,宜进求经济上之共和,道在予一般劳动家以较高之知识技能,俾其能事日增,不至终为资本家所抑制,于是职业教育成为全国上下研究之烧点。"这次博览会,美国每一省都有职业教育陈列出品,其中在政府的出品中,还有一"职业教育大扩张之计画表"。该计划表根据下议院议决案,预计国家补助提倡职业教育费,"分为三项:农业教员费,工商业教员费,一九一六年各补助五十万圆,以后递增,至一九二四年,各增为三百万圆;其农工商家政教员养成费,一九一六年补助五十万圆,至一九一九年增为一百万圆。以后类推。又揭示种种预拟提倡方法,吾知今后十年间此方面定有一日千里之进步"。[1]

[1]抱一:《巴拿马万国博览会之教育馆》,载1915年9月13日《申报》。

亲眼目睹、亲身体验了"美国教育之发达，较之中国实不可以道里计，而其尤注重者为职业教育"的现实，回国后，黄炎培马不停蹄地在短期内多次在有关学校或有关机构部门公开演讲，宣传、介绍美国教育的发展特别是职业教育的发达。这些演讲稿经过整理，多随即刊登在当时的一些重要的教育刊物上，如《游美随笔》（《教育杂志》第7卷第8、10、11号）、《美国教育状况纪要》《美国教育状况》（《教育研究》第25期）、《东西两大陆教育不同之根本谈》（《教育杂志》第8卷第1号）、《黄炎培君调查美国教育报告》（《教育杂志》第8卷第4、6号）、《调查美国社会教育报告书》（《教育研究》第28期）等。与此同时，他还在最短的时间内将他这次美国之行整理成《新大陆之教育》上、下编，分别叙述自己在美进行教育考察和参加太平洋万国博览会的情况，作为《黄炎培考察教育日记》的第三集，先后于1917年1月和4月由上海商务印书馆出版。

在这些演讲文稿和著作中，黄炎培盛赞美国对职业教育之重视，介绍美国职业教育的盛况，引入美国实施职业教育的方法，探索职业教育之理论，并通过中美教育的差异与比较分析，说明、倡导在中国实施职业教育的重要性、必要性和可行性。如在《游美随笔》中，他特录了一份美国中央教育局大力发展职业教育的计划表，通过表中所显示的职业学校教职员薪水逐年提高的数额变化，来说明美国对职业教育的重视；在《美国教育状况纪要》中，他极力推崇美国"无论何种教育，皆注重实用"，特别是中学校广设的各种职业科"其教科课程，处处与生活关系"的现状。

总之，通过对美国教育进行考察，黄炎培在充分认识到美国发展职业教育对美国社会和美国教育产生的重要效用的同时，又通过对中美教育的对比，更加清醒地认识到中国教育之弊端所在，并认为学习美国重视、发展职业教育，乃是解决中国教育之弊端及其所导致的一系列社会问题的根本所在。

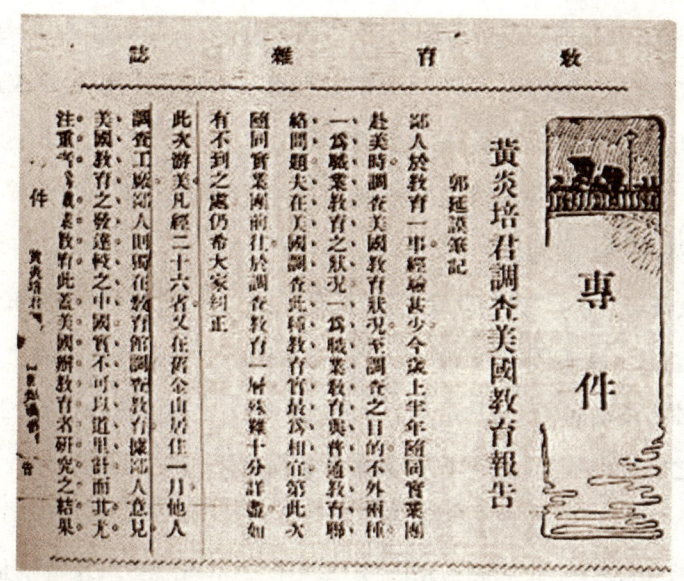

刊登在《教育杂志》上的《黄炎培君调查美国教育报告》。

《黄炎培考察教育日记》（第三集）——《新大陆之教育》封面。

他说，中美教育的根本不同有四："彼之教育，大都取自然，而吾取强制也"；"彼之教育，大都取各别，而吾取划一也"；"彼之教育，最重改造，而吾惟重模仿也"；"彼之教育，最重公众，而我惟重一己也"。[1]中国必须学习美国，不仅需要舶来职业教育这一词汇，而且还要大力实施职业教育，让它在中国得以萌生、实施。

在黄炎培看来，"方今世界竞争，日益剧烈，一国之教育，非注重生计，绝不适于生存"，欧美国家为"救生计"，"达生存"，多注重职业教育，它虽然是最近才出现的名词，却是最切要的社会问题，特别是它"在教育上实为最新最良之制度也"。而中国由于"向来贵士而贱工，学生毕业有为工者，人必以为降格"，这种错误观念使得失业者愈来愈多，从而导致中国生计日绌。有鉴于此，黄炎培坚定明确地指出，中国不仅要学习欧美国家特别是职业教育发达的美国，注重学校教育和社会生活的密切联系，力求教给学生切实适用的知识，"认职业教育为方今急务"；而且，欲解决学生毕业后的失业问题，"将不适宜之习惯渐渐变更，殆非提倡职业教育不可也"！[2]

对职业教育的宣传、研讨

美国之行使黄炎培对职业教育有了新的认识，回国后，他在极力宣传于中国开展职业教育的必要性和重要性的同时，还不时地发表着自己对职业教育的理解与看法。下面仅举数例作一说明。

---

[1] 黄炎培：《东西两大陆教育不同之根本谈》，载《教育杂志》第8卷第1号，1916年1月。

[2] 黄炎培：《调查美国教育报告》，见中华职业教育社编：《黄炎培教育文集》（第1卷），中国文史出版社1994年版，第268页。

1915年12月，黄炎培在江苏省教育会作《美国中学校职业教育之状况》的报告时，言道："职业教育之科目，不外四大端：即工、农、商与家政是也。职业教育之施行，实在中等以下之学校。"[1]

1916年1月3日，在松江作讲演，提出："凡提倡职业教育，宜先从调查入手。其种类，一宜注意其至普通者，如男子木工、女子裁缝之类。一宜注意其至特别者，则根据地方状况，与夫特殊之土宜物产而定之。……凡职业教育，一以经济为中心，而以教育为其手段可也。"[2]

1917年1月，在《职业教育实施之希望》一文中，从理论上阐述了职业教育实施的可能性、可行性和重要性，认为实施职业教育，一在确立职业教育制度，一在审择职业的种类及其性质。

1917年4月，在《新大陆之教育》一书中，从职业教育与实业教育的不同特点方面，再次诠释了职业教育的内涵：

> 职业教育，以广义言之，凡教育皆含职业之意味。盖教育云者，固授人以学识技能，而使之能生存于世界也。若以狭义言，则仅以讲求实用之知能者为限，亦犹实业教育也。惟实业教育，兼含研究学说之意味，而职业教育，则专重实习，纯为生活起见。实业教育所养成之人物，其一部分主用思想，而职业教育所养成之人物，则完全主用艺术。盖自欧洲十八世纪工业革命以来，乃有所谓实业教育，至挽（晚）近实业益发达，而生计问题亦日以急迫，于是复有所谓职业教育。……是故职业教育者，在学说上为后起之名词，在社会上为切要之

---

[1] 黄炎培：《黄炎培调查美国教育报告》，见田正平、李笑贤编：《黄炎培教育论著选》，人民教育出版社1993年版，第30页。

[2] 中国社会科学院近代史研究所整理：《黄炎培日记》（第1卷），华文出版社2008年版，第227～228页。

问题，而在教育上实为最新最良之制度也。[1]

在宣传职业教育的同时，为了消除人们对职业教育的偏见，黄炎培还在江苏省教育会组织职业教育研究会，开展职业教育研讨。

组织教育研究机构，推动教育的宣传、研讨及普及，乃江苏省教育会的一项重要任务。民国成立后，江苏省教育会依教育部《教育会规程》关于"教育会为讲求各项学术及开通地方风气，得分设各项研究会"[2]的规定，分门别类设立了各种各样的教育研究会。这其中，1916年9月12日，由黄炎培联合沈恩孚、庄俞、郭秉文等所设的以"专事研究各种职业教育之设施以及提倡推广方法"为宗旨的职业教育研究会，[3]是当时职业教育界十分引人注目的一个教育研究机构。

职业教育研究会是中国最早的省级职业教育研究机构，黄炎培亲自担任该会主任。根据《职业教育研究会简章》规定，研究会共设职员15人，"分司调查、评议及各项干事，由会员互举之"；其主要会务有三："研究关于普通教育范围内设职业科之方法"、"研究关于职业补习教育之设施方法"、"研究关于职业学校之设施方法"。[4]研究会规定每年召开一次大会，并不定期地召开职员会和研讨会。凡"在教育界而有志研究职业教育者及在职业界而有志研究职业教育者均得入会为会员"；初设时，研究会即有会员148人，其中包括黄炎培、沈恩孚、江谦、贾丰臻等人。

职业教育研究会成立后，开展了多种有关推动职业教育宣传、普及及研

[1]黄炎培：《新大陆之教育》，见中华职业教育社编：《黄炎培教育文集》（第2卷），中国文史出版社1994年版，第107~108页。

[2]朱有瓛、戚名琇、钱曼倩、霍益萍编：《中国近代教育史资料汇编·教育行政机构及教育团体》，上海教育出版社1993年版，第252~253页。

[3]江苏省教育会编：《江苏省教育会年鉴》第2期，江苏省教育会1916年印行。

[4]《记事：苏省教育会研究职业教育》，载《教育杂志》第8卷第10号，1916年10月。

讨活动。如关于于普通教育范围内设置职业科的方法和职业补习教育的设施方法等问题的研究,并多次组织职业教育讲演活动。如1917年3月,黄炎培、郭秉文、陈宝泉、蒋维乔等从日本、菲律宾考察教育回国后,江苏省教育会曾多次举行演讲会、报告会,邀请他们介绍考察所得,畅谈感想。

1917年8月,职业教育研究会因加入中华职业教育社共同开展职业教育研究,即行取消。

赴日本、菲律宾考察与职业教育的萌生

1915年4月黄炎培随游美实业团赴美进行教育考察间,在旧金山巴拿马太平洋万国博览会上,看到时为美国殖民地的菲律宾的种种职业教育出品和图表,大为惊异。原西班牙属地的菲律宾,其教育向来较为落后,然而,自隶属美国不及二十年,其教育发展却"一日千里,为东亚新进之少年"。为了究其原因,并以取法,黄炎培认为必须"亲履其地,周览博考"。于是,回国后,他即向教育部提出考察菲律宾教育的建议,得到了教育部的认可和赞许。教育部认为:"我国教育制度,向多取法日本,欲更取美国方法移植我国,容有未尽适当者,故不若以日本斐律宾[1]合观而比较之,乃有所折衷而节取;且考察教育,尤以身任学校事业者,为亲切有味,易收直接设施之效。"[2]故决定由教育部组织派北京高等师范学校校长陈宝泉、该校附中主事韩振华、武昌高等师范学校校长张渲、南京高等师范学校教务主任郭秉文一同赴日

[1] 斐律宾,现称菲律宾。
[2] 袁希涛:《缘起》,见黄炎培等编纂:《考察日本斐律宾教育团纪实》,上海商务印书馆1917年版。

本、菲律宾进行教育考察。作为倡议者，黄炎培欣然愿意同行，而前教育部参事蒋维乔亦愿加入，并得到批准。这样，这一民国初年重要的国外教育考察团由此组成。

这次教育考察，从考察团1917年1月8日由上海出发，1月11日抵东京，1月28日结束对日本的考察，再乘船于2月3日抵达马尼拉，到2月26日离开菲律宾，时间计一月有半。在考察期间，陈宝泉、韩振华、张渲、郭秉文将考察的重点放在了师范教育上，而黄炎培和蒋维乔则更注目于职业教育。身历两国，使黄炎培深深认识到"日本于职业教育之名词，虽未见十分绚烂，而于实际则励行弗懈。观其全国实业补习学校，多至八千余所，可知其从前之强国政策，得力于军国民教育；而今后之富国政策，将取径于职业教育"；而"斐律宾之职业教育，完全以政府之力设施之，故其组织最完密而有秩序。……虽普通教育亦盛含职业教育之意味"。[1]基于此上认识，黄炎培对两国的职业教育进行了认真的考察、体认，并就有关职业教育问题与日本教育名家交换意见。

从1月11日抵日至1月28日离日赴菲，考察团在日本考察时间仅半月有余，期间，黄炎培先后参观了东京共立女子职业学校、东京府立工艺学校、东京高等工艺学校、横滨商业学校等，并就"日本一般教育家对于职业教育之意见"、东京府立工艺学校"与实业界之联络状况"、"教育与职业联络方法"、"实业专门教育与职业教育的缓急先后"等问题向东京高等师范学校教授佐佐木吉三郎、东京府立工艺学校教务主任铃木重幸、东京高等工艺学校校长阪田贞一及原校长手岛精一等人请教。而在菲律宾的20余天，除了参观菲律宾商业学校、中吕宋农业学校、菲律宾工艺学校等外，黄炎培还先后在菲律宾师范学校、普智学校、广东会馆等处作了《职业教育》《提倡爱国之根

---

[1]黄炎培：《东南洋之新教育》，见中华职业教育社编：《黄炎培教育文集》（第1卷），中国文史出版社1994年版，第326~327页。

本在职业教育》《职业道德与智识》等演说。由于当时黄炎培等已在着手联合全国教育界、实业界著名人士计划发起成立中华职业教育社，早在来菲律宾之前，黄炎培就和郭秉文商量趁这次到菲考察教育之机，为职教社募集经费。所以，在菲律宾，为了得到广大华侨的支持，2月22日，黄炎培特在华侨教育会所开的钱别会上作了《中华职业教育社之组织》的演讲，并在2月26日召集各侨商于总领事馆，"议捐金于中华职业教育社"。[1]

关于这次教育考察中的有关情况，考察团成员回国后将之整理成《考察日本斐律宾教育团纪实》，由上海商务印书馆于1917年9月出版。书中有全体考察团成员的合影、考察行程图、考察教育机关一览表，及黄炎培《游程日记》《日本斐律宾之职业教育》，蒋维乔《斐律宾之教育行政》《斐律宾之农业教育》《斐律宾之工业教育》《斐律宾之商业教育》，郭秉文《斐律宾学校之编制教授训练》，陈宝泉《日本及斐律宾之社会教育》等文字，而黄炎培本人也专门写就《东南洋之新教育》，对这次考察的前后情况作了详细的介绍，并作为《黄炎培考察教育日记》

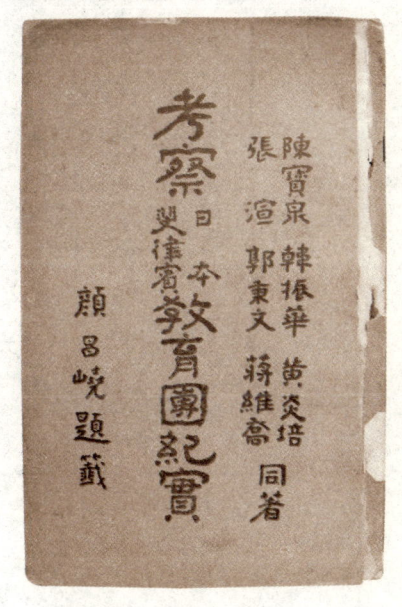

《考察日本斐律宾教育团纪实》封面。

[1] 黄炎培：《考察日本菲律宾职业教育游程日记》，见中华职业教育社编：《黄炎培教育文集》（第2卷），中国文史出版社1994年版，第222页。

《考察日本斐律宾教育团纪实》中收录的黄炎培的文章。

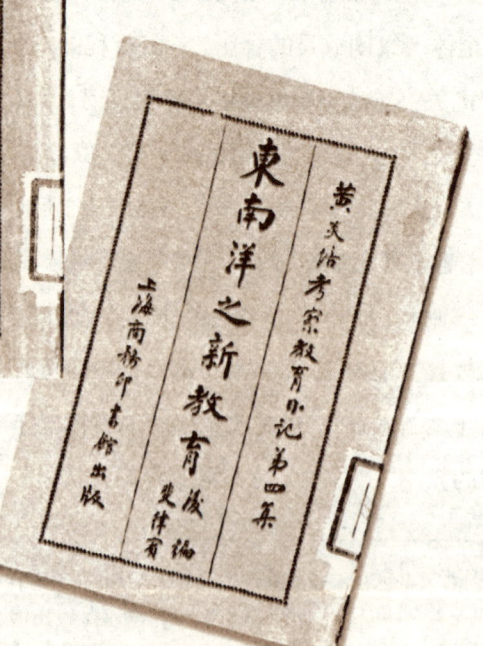

日本斐律宾之职业教育

黄炎培

《东南洋之新教育》封面。

的第四集，由上海商务印书馆于1918年6月出版。

透过《考察日本斐律宾教育团纪实》和《东南洋之新教育》，日本、菲律宾的职业教育发展情况明晰可见。如《考察日本斐律宾教育团纪实》所收黄炎培的《日本斐律宾之职业教育》一文，介绍日本东京府立工艺学校的学科"分金属细工科、精密机械科、家具制作科，各四年毕业"；东京共立女子职业学校"其目的在授女子以适切之技艺，并养成其常识与诚实勤勉之美德。其编制分甲部、乙部。甲部内分本科、受验科、高等师范科；乙部内分本科、受验科、家庭科。甲部皆三年卒业，乙部皆二年卒业。甲部各科于裁缝、编物、刺绣、造花四种，令选习二种，乙部各科但令习一种"；菲律宾"自初小起即设职业科，自高小起即分设农、工、商及家事科，中学分设农、工、商、家事等"；菲律宾工艺学校分铁工、木工、建筑、机械画、摩托车、机械预备、航海、测量八科；在"斐岛之中央，设一师范学校，分普通科、工艺科、家事科、体育科。工艺科于通常学科外，课制篮、园艺、木工、竹工、制鞋、制帽、刺绣、花边、缝纫、家事、烹饪等科；家事科于通常学科外，课家事、烹饪、裁缝、各种工艺。此皆职业科教员之所由养成也"。[1] 而《东南洋之新教育》则更是详录了东京共立女子职业学校的各科课程开设表、菲律宾小学校职业科各学年课程表以及黄炎培与日本教育家铃木重幸、手岛精一等人关于职业教育的谈话内容。

不仅如此，考察团回国后，黄炎培还在上海、南京、北京等地广泛宣传日本、菲律宾的职业教育，介绍其发展情况，强调在中国实施职业教育的重要性和必要性。如1917年3月3日，黄炎培在广东高等师范学校演说"职业教育"；是月，在江苏省教育会，黄炎培和江苏省立各实业学校校长、职业介绍部主任借

---

[1] 黄炎培：《日本斐律宾之职业教育》，见黄炎培等编纂：《考察日本斐律宾教育团纪实》，上海商务印书馆1917年版。

鉴日本经验讨论学校与实业界联络之方法；同月，江苏省教育会特开"菲律宾职业教育报告会"，请黄炎培、陈宝泉、郭秉文、张渲等人演讲。[1]

在20世纪初期，通过黄炎培的国内教育考察和美国之行，职业教育在中国得以真正孕育并引入；而他作为赴日本、菲律宾教育考察团的主要成员，通过对职业教育的极力提倡，更使"职业教育"这一"东方教育辞典向所未载"的名词，在中国也"嚣嚣于口，洋洋于耳"，[2]最终得以萌生，进而为职业教育的进一步发展奠定了坚实的基础。

发起成立中华职业教育社

在考察菲律宾职业教育的同时，黄炎培草拟了《中华职业教育社宣言书》，除分发各地相关人员征求意见外，还于1917年3月先行在寰球中国学生会主办的《环球》杂志上刊出。

在中华职业教育社的发起人中，既有来自教育界的蔡元培、黄炎培、严修、范源濂、袁希涛、陈宝泉、张伯苓、周诒春、蒋维乔、邓萃英、顾树森、郭秉文等个中翘楚，又有来自实业界、出版界乃至政界的著名人士，像伍廷芳、唐绍仪、汤化龙、王正廷、张元济、陆费逵、史量才、穆藕初、余日章，甚至有尚在美留学的蒋梦麟等，计44人。他们虽然所受教育背景不同，甚至学术思想也有分歧，但却对职业教育怀有共同的情结、期盼和希冀。

在职教社同人看来："本社之立，同人鉴于方今吾国最重要最困难问题，

---

[1] 朱有瓛、戚名琇、钱曼倩、霍益萍编：《中国近代教育史资料汇编·教育行政机构及教育团体》，上海教育出版社1993年版，第294页。

[2] 黄炎培：《职业教育实施之希望》，载《教育杂志》第9卷第1号，1917年1月。

范源濂。　　　　　严　修。　　　　　陆费逵。　　　　　张元济。

无过于生计；根本解决，惟有沟通教育与职业。同人认此为救国家救社会唯一方法。故于本社之立，矢愿相与终始之。"因此，《宣言书》中特规定，职教社以"推广职业教育"、"改良职业教育"、"改良普通教育，俾为适于生活之准备"为目的，规定其所办事业计有：调查、研究、劝导、指示、讲演、出版、表扬、通讯答问、设立职业学校、设立教育博物院、组织职业介绍部。其中，"调查"包括调查现行教育及职业界的状况；调查社会各业供求及学校毕业生的状况；调查各地已办职业教育的状况。"劝导"是指"劝政府使注意促办职业教育；劝导社会有力者倡办职业学校；劝普通学校之堪以兼办职业教育者，务注意办理并指导之；劝职业学校之有须改良其教育方法者，务注意改良并指导之；劝导学生与学生父兄，凡青年力不能升学者，速受职业教育；劝导社会，咸注意职业教育"；等等。[1]可见，《宣言书》既是这些有志的发起人士基于中国教育弊端所作的沉痛概括，更是他们基于借鉴西方国家教育发展经验为民族强盛所开的救国之方。

　　鉴于条件已基本成熟，1917年5月6日下午二时，中华职业教育社成立大

---

[1]黄炎培等：《中华职业教育社组织大纲》，见田正平、李笑贤编：《黄炎培教育论著选》，人民教育出版社1993年版，第85页。

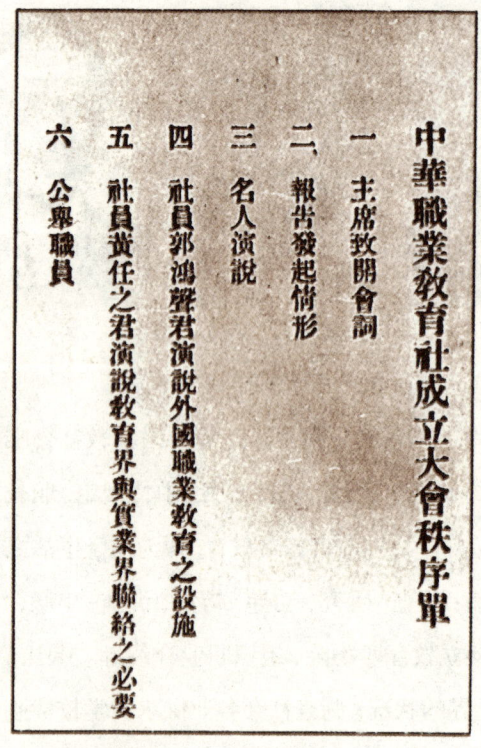

中華職業教育社成立大會秩序單

一　主席致開會詞

二　報告發起情形

三　名人演說

四　社員郭鴻聲君演說外國職業教育之設施

五　社員黃任之君演說教育界與實業界聯絡之必要

六　公舉職員

《中华职业教育社成立大会秩序单》。

会于上海假西门外林荫路江苏省教育会会所召开，约有340人与会。会议主席为萨镇冰。会场中，陈列有菲岛学校工艺成绩品多种，以及有关职业教育的意见书。

在会议主席萨镇冰致开幕词后，黄炎培报告了发起中华职业教育社的经过。他特别感谢菲律宾华侨的热心捐助，说明职业教育社的"入手办法"乃是"调查研究"，并阐释了其原因。此后，黄炎培、沈恩孚、朱兆莘、赵正平、沈宝昌、郭秉文等作了讲演。黄炎培在会上作的演讲名为《教育界与实业界联络之必要》，大意谓："教育本包孕实业，无端加一界字，致驱实业于教育之外，所以成为种种不良之结果。此后宜将界字除去。从前办学真如一场春上海《申报》所登的中华职业教育社成立的消息。

梦，至今日始能警醒，然由日本及菲岛调查回国以来，数向各方面提倡，乃有学生反对，家族不赞成之困难，但余等并不以高尚为非，不过因一般教育均当从近者小者做起，今不提倡则无提倡之时矣，此后宜合群力而提醒之，则前途幸甚。"[1]

　　本次成立大会通过了章程，之后推举黄炎培和聂其杰、张元济、史量才、王正廷、杨廷栋、郭秉文、沈恩孚、朱少屏等9人为临时干事，组成临时干事会综理社务，并推定沈恩孚为临时主任。不久，决定由特别及永久特别社员

[1]《中华职业教育社开成立大会纪事》，载《环球》第2卷第2期，1917年6月。

互选议事员,组成议事部。7月15日,职教社名义上的权力机关——议事部成立,黄炎培、沈恩孚、郭秉文、贾丰臻、杨廷栋、袁希涛、史量才、穆藕初、张元济、王正廷、朱少屏、吴馨12人被选为议事员;7月29日,又成立议事员会,取消临时干事会,公举黄炎培为办事部主任,沈恩孚为基金管理员。也就在这月,《东方杂志》和《教育杂志》全文刊登了44名发起人共同署名的《中华职业教育社宣言书》(附《中华职业教育社组织大纲》)。

作为中国第一个专门研究、宣传、推广职业教育的机构,中华职业教育社将"使无业者有业,有业者乐业"作为它的奋斗目标。正如由黄炎培和江恒源作词、黄自作曲的《中华职业教育社社歌》所言:

惟先劳而后食兮,嗟!我人群之天职。

欲完此天职兮,尚百业之汝择。

愧先觉觉后之未能兮,舍吾徒之责而谁责?

同心组成吾社兮,将以求吾道之昌也。

研究试验以实施兮,期一一见诸行也。

苟获救吾民之憔悴兮,卜吾国族之终强兮。

手旗兮飞扬!吾何往兮?比乐之堂!

将使无业者咸有业兮,使有业者乐且无疆。

嗟!嗟!吾愿何日偿兮!天假我以岁月之悠长!

三 倡导、研究、推行职业教育

1917年7月，黄炎培（前排右六）在印尼泗水与南洋荷属华侨教育研究会全体成员合影。

倡导、调查职业教育

1917年5月6日，中华职业教育社成立后，黄炎培情系职业教育，并对职业教育在中国的实施充满期望和信心。

5月15日，受教育部委托，黄炎培赴南洋群岛英属荷属各地调查华侨教育，8月底回国。9月初，黄炎培特到京报告到南洋调查华侨教育的情形，并作讲演一天。是月7日，北洋政府任命黄炎培为直隶省教育厅厅长，然而，考虑到自己"现正集合同志，研究职业教育，并拟续游各省"，根本无心、也无暇从政，于是，他即日即请辞。在辞呈中，他说：近来自己一面"创一职业教育社，研究教育与职业联络方法，冀以笔舌之功，稍移风气；并创立职业学校，备各地实施之参考"；同时，"继续游历，且考察，且劝导，一切计划，已在著手进行"，所以，不愿"遽舍而从政"。9月12日，教育部准黄炎培辞去该职务，翌日，他才放心地回到上海。[1] 1921年12月25日和1922年6月12日，北洋政府又两次任命黄炎培为教育总长，但他仍坚持不就。其因，正如他自己所言："年来矢愿为职业教育服务，区区此心，稍谋社会国家根本补救，现方努力进行，不忍中途抛弃。"[2]

"无官一身轻"。在"职教救国"的理想和信念下，黄炎培绝

---

[1]《大教育家无暇从政》，载1917年9月14日《申报》。
[2] 黄炎培：《黄任之坚辞教长电·复京同乡电》，载1922年7月17日《申报》。

意仕途,他只想让职业教育尽快在中国生根、发芽。

1. 对职业教育的倡导

作为从欧美国家舶来的职业教育,在当时无疑是一个新生事物,所以,要使政府特别是广大社会民众真正从内心认同、接受它,则首先必须对其本身及其理论加以鼓吹和倡导。

黄炎培倡导职业教育主要是通过讲演来进行的。职教社成立后,经常有计划地组织开展有关职业教育的讲演活动,且其讲演形式多样,不拘地点。而这其中,作为职教社的主要负责人,黄炎培都积极投身其中。

如1917年10月1日,黄炎培至南汇县教育会讲演《职业教育》。1918年6月16日,黄炎培和职教社总书记蒋梦麟赴东三省调查教育状况,并携带图表、

中华职业教育社早期主要领导人黄炎培(后排右四)、江恒源(后排右三)、杨卫玉(后排右二)。

幻灯片等, 宣传职业教育。此次行程计划两个月, 其中, 6月25日, 在沈阳高师演讲《国民教育和职业教育》。1921年6月, 在职教社第四届年会上, 讲演《南洋职业教育之新趋势》; 7月22日, 在二女师暑期讲演会讲演《职业陶冶问题》, 在一师暑期讲习会讲《职业教育与地方行政》; 1922年7月3日, 中华教育改进社第一届年会召开, 黄炎培在开幕式上演讲《职业教育》; 7月20日, 赴嘉定暑期讲习会和无锡省立第三师范学校暑期讲习会讲演职业教育问题; 8月2日, 赴东南大学讲演《职业教育之新意义与新希望》; 8月21日, 应湖南省教育会和武昌中华大学等举办的暑期讲习会之请, 偕本社办事员沈肃文起程, "先至长沙, 计讲五日, 次至武昌, 共讲三次, 又在汉口讲二次。……三处讲演, 听者均甚众, 且饶有精神"。[1] 9月初, 到湖北讲演《职业教育》, "大受各界人士之欢迎"; 9月7日, 在武汉讲演《职业教育要旨及汉口应办之职业教育事项》; 1923年3月2日, 赴苏州讲《职业教育起源、目的、实施等问题》; 7月10日, 在职教社和东南大学所办的暑期学校讲"职业教育概论"的第一讲"职业教育之定义

职教社总书记蒋梦麟。

---

[1]《社务报告: 讲演调查》, 载《教育与职业》第39期, 1922年12月。

与分析"；8月3日，在宁波为暑期讲习会讲演《职业教育》……

在这些讲演中，黄炎培不仅对职业教育进行了全方位的解读，更重要的是，对职业教育作了实际的宣传。如1922年7月初，在中华教育改进社第一届年会间所作《职业教育》的讲演中，他就言道："职业教育所包括的农、工、商、家事等，不仅是为个人谋生的，并且是为社会服务的。所以凡是含职业性质的学校，同时须注意使学生知服务的义务，并养成服务的习惯。"[1]9月7日他在武汉的演讲中言道：职业教育的要旨，就是使无业者有业，有业者乐业，武汉为全国中枢，又为长江巨埠，遗憾的是全埠的职业学校远不能满足全埠工商界的需要，建议可先办需费不多的商业学校、手工艺（如藤竹工等）专门学校、女子工艺学校和工商补习学校等。

2. 对职业教育的调查

调查是职教社推行职业教育、开展职业教育理论研究的重要前提，自职教社成立伊始，黄炎培就竭力倡导调查。1917年9月，他曾引美国瑟娄博士言曰："苟与我六十万金办中国教育，我必以二十万金充调查费。"[2]正是因此，职教社成立后，黄炎培和他的同仁们一起，开展了多种形式的职业教育调查活动。

如1918年6月16日，当黄炎培和蒋梦麟赴东三省调查教育状况时，就广泛调查，征集社员；1921年1月30日，黄炎培和王志莘同赴南洋提倡职业教育，历菲律宾、马来群岛、新加坡及香港、汕头、潮州等地，计109天，其中携带书籍、幻灯片等到各地演讲共43次，并开展调查；1922年8月，黄炎培应湖南

[1] 黄炎培：《职业教育》，载《新教育》第5卷第3期，1922年10月。
[2] 黄炎培：《南风篇》，载《教育杂志》第9卷第9号，1917年9月。

省教育会暑期讲习会之邀，在长沙"讲演余间，并从事调查，所至为衡粹女子职业学校，涵德女子职业学校，孤儿院，蚕桑女学校，甲种工业学校，第一职业学校，乙种职业学校，甲种商业学校等处"，并评曰："涵德规模宏远，长沙女子职业学校有七，均注重刺绣，兼办营业，甲种工业学校设备机械颇新颖。"[1]

研究、探讨职业教育

理论是实践的先导，但它和实践又是相辅相成的。当20世纪初期职业教育传入中国并实施之初，由于它在当时的中国乃一新事物，既无实践准备，更乏理论基础，以致人们对之不仅不了解，甚至有偏见，有误解。职业教育的内涵究竟是什么？其意义何在？怎样借鉴欧美国家职业教育的经验？采取什么方法才能使之在中国实施有所成效？对于这些，作为中华职业教育社的主要发起人和组织领导者，黄炎培无时无刻不在思考着、探索着。他深感，阐明职业教育的含义、目的、意义、内容，乃至实施方法等，对之进行理论研究和探讨，自己责无旁贷！

1917年9月16日，职教社第一次办事员会议决定，将职教社成立后编印出版的以刊载社中情况为主要内容的《社务丛刊》停刊，另辑印一种月刊——《教育与职业》，作为职教社的机关刊物。

1917年10月20日，《教育与职业》月刊创刊，蒋梦麟任主干（编），最初定每卷12期，年出一卷，自第4卷第1期（第37期）始，改为每卷10期，一年内出

---

[1]《社务报告：讲演调查》，载《教育与职业》第39期，1922年12月。

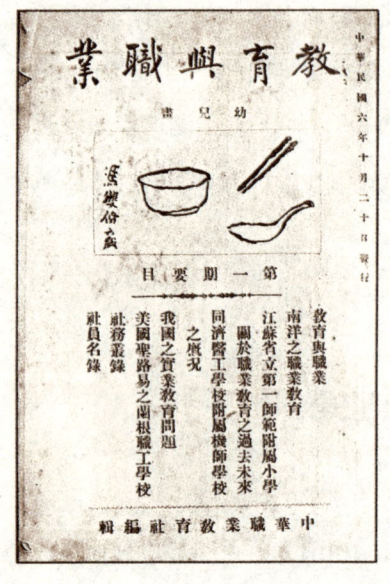

《教育与职业》第1期封面。

齐。在第1期上，刊登了黄炎培的《南洋之职业教育》一文，概括介绍了菲律宾等国家职业教育的基本情况。

《教育与职业》是开展职业教育理论探讨的主要阵地。然而，由于第1期封面上以幼儿画的一个饭碗、一双筷子和一只汤匙三件人们天天都离不开的普通餐具揭示与人，致一时议论蜂起，不少人鄙之曰：原来职业教育也就是啖饭教育。针对这种看法，为澄清人们的偏见，1917年11月，黄炎培特撰《职业教育析疑》一文，刊于《教育杂志》第9卷第11号。在这篇为《教育与职业》第2期所转刊的文章中，黄炎培首先从澄清职业教育与实业教育的区别出发，阐明职业教育的含义所在。他说：

实业教育与职业教育，二者皆以解决生计问题为目的，然其范围不同。实业教育之高焉者，高等专门实业亦属之；其下焉，仅为职业之预备者亦属之。故论其长，可谓过于职业教育。英语Industrial education之名词，依其本义，仅限于

工业教育。东方译为实业教育，亦仅限于农工商三种，而医生、教师等不与焉。职业教育Vocational education，则凡学成后可以直接谋生者皆是。故论其阔，又可认为不及职业教育。[1]

可见，在黄炎培看来，授以人们从事某种职业所需要的具体知识、技能，解决当时学校特别是中学校毕业生和青年学生的失业问题，使他们求得生计，乃职业教育的根本宗旨所在。

1918年1月至5月，黄炎培又在《教育与职业》第3～6期上发表了《职业教育谈》，这篇仅有不足两千字的文章所以会分四期连载，想来也是希望能够引起人们更长时间的关注。在文中，黄炎培明确地说：

> 职业教育之旨三：为个人谋生之准备，一也；为个人服务社会之准备，二也；为世界、国家增进生产力之准备，三也。……职业教育之效能，非止为个人谋生活，而个人固明明藉以得生活者。以啖饭教育概职业教育，其说固失之粗浮，高视职业教育，乃至薄啖饭教育而不言，其说亦邻于虚骄。[2]

是年5月，中华职业教育社假江苏省教育会举行第一届年会，会毕，黄炎培在特撰的《年会词》中，针对一年来"世多有认职业教育为一种狭义的生活教育者"，再次重申，职业教育的目的有三："为个人谋生之准备，为个人服务社会之准备，为世界及国家增进生产能力之预备。"[3]

此后，至1925年12月提出"大职业教育主义"理论，黄炎培又先后在《教育与职业》上发表《民国六年之职业教育》《职业教育之礁》《提倡平民职

[1]黄炎培：《职业教育析疑》，载《教育杂志》第9卷第11号，1917年11月。
[2]黄炎培：《职业教育谈》，载《教育与职业》第3～6期，1918年1～5月。
[3]黄炎培：《年会词》，载《教育与职业》第7期，1918年6月。

1918年5月，中华职业教育社第一届年会代表合影。

业教育之商榷》《养成职业师资之一问题》《职业教育上四个新问题》等，并在《教育杂志》和《新教育》上多次发表以《职业教育》为名的文章，对职业教育的理论进行了多方面的探讨，从而为减少、消除人们对职业教育的不解、偏见、误解，起到了积极的作用。

创办中华职业学校

在倡导、调查职业教育的基础上，黄炎培主张建立一所实践职业教育的职业学校，这就是后来的中华职业学校。该校从开设到发展，黄炎培都对它付出了极大的心力。

由于职教社经费基本全靠筹集，而开设职业学校，经费无疑是首要问题。早在1917年10月5日，黄炎培和阮介蕃、穆藕初、顾树森等人即开会拟定中华职业学校和商业补习学校预算，其中拟定中华职业学校的开办费为19750元，经常费为11728元；10月6日，职教社临时议事员会通过了该预算。然而，要在短期内凑齐这笔数额不小的费用，并非易事。于是，翌月初，因暨南学校规复事赴北京时，黄炎培专门谒见财政总长梁启超，呈请财政部特赐补助经费，以示提倡。在黄炎培所写的呈文中写道："炎培等鉴于方今吾国最重要、最困难问题，无过于生计，而欲求根本解决，惟有从教育下手，必使教育与职业相联络，庶其结果乃能影响于民生。"自中华职业教育社创设后，"一时教育界实业界闻风响应"，除从事调查、研究、劝导、讲演、出版外，近欲在上海创设一职业学校，"以为实际研究之资，兼备各省观摩之地"，但现在建筑校舍、购置仪器等的最经济预算，"约计须开办费二万元，第一、第二两年合计经常费约二万元，计共四万元，以后工艺出品当略有收入，可资抵补"，且"念兹事重要，直接在谋教育实业之沟通，其间接实于国计民生大有裨益。上海为全国具瞻之地，行见一校立，而千百校随之，下为地方行作始之源，上为政府灭如伤之痛，断非他项团体、

中华职业学校校董穆藕初。

他项学校可以比拟"，[1] 所以，希望财政部能特赐补助经费，以示提倡。呈文得到了财政部的同情、理解、肯定和支持，财政部特批呈职教社："悉该主任组织职业学校，开办需费，应由本部补助五千元，用示提倡。"[2] 这样，算是解了燃眉之急。

1918年5月，职教社加快了中华职业学校的创办步伐，在该月职教社制定的《中华职业学校设立之旨趣》中这样写道：

同人鉴于我国今日教育之弊病在为学不足以致用，而学生之积习尤在鄙视劳动而不屑为，致毕业于学校而失业于社会者比比。根本解决，惟在提倡职业教育，以沟通教育与职业。虽然，空言寡效，欲举例以示人，不可无实施机关，故特设此职业学校。[3]

6月15日，中华职业学校在上海西区陆家浜南放生局隔壁举行立础纪念仪式，黄炎培报告了中华职业学校设立的原因和筹募经费的情形。

根据对上海西南区社会职业的需要调查，并考察地方的状况，适应社会的需要，中华职业学校决定先设铁工、木工两科，其中，铁工科最初定为五年，嗣改为四年，后又改为五年制机械专科，以养成"技士"为目的；入学资格：高小毕业程度或相当学力，年在12岁以上，且须志愿在工业界服务、能耐劳苦者。

之后，鉴于钮扣在人们日常生活中使用甚广，销售之额巨大，然而它却非运自欧美即输从东瀛，所以，中华职业学校决定，"为挽回利权，推广新职

---

[1]《中华职业教育社通讯：财政部补助职业学校经费》，载1917年12月7日《申报》。
[2]《中华职业教育社通讯：财政部补助职业学校经费》，载1917年12月7日《申报》。
[3] 中华职业教育社：《中华职业学校设立之旨趣》，见《中华职业学校三十周年纪念特刊》，中华职业学校1948年编印，附录第2页。

中華職業學校概況

二 本校開辦時籌備概況

一 本校設立之旨趣

同人鑒於我國今日教育之弊病在爲學不足以致用而學生積習尤在輕視勞動服務而不屑爲致學生畢業於學校而失業於社會者比比補救之道惟在提倡職業教育尊重勞動工作以溝通教育與實際生活雖然空言者鮮效欲舉例以示人不可無實施之機關明知事屬草創自行試驗之未必不取敗也同人以爲幸而成固將掬示而不敢祕卽不幸而敗亦當研究其原因予人以殷鑒之資而無容諱故決設此都市式之男子職業學校

現今世界各國各種工藝之進步實業之發達恆視職工程度之高下相爲比例故在工業繁盛之地無不有培養職工之教育機關以增高其程度上海爲通商大埠工廠林立實業機關需材孔亟苟無相當學校預爲訓練造就適宜之人材則其實業非特無發展希望且難維持於永久故特設此職業學校於上海。

一地之治安恆與其居民恆業之有無有密切關係上海市之西南各區民之貧苦無業者較他處爲多。苟無相當學校預爲培養其子弟施以適宜之教育恐失業者將接踵而起地方上直接先受其影響故特設此職業學校於上海市立西南區

中華職業學校於上海市立西南區

一

中华职业学校办学宗旨。

中华职业学校珐琅科学生在实习。

业起见,爱特设此制造铜钮一科,教授生徒,俾将来毕业后即可藉此谋生,并可推广此新职业于国内各地。[1]不久,又设珐琅科。

1918年8月25日,学校首先举行了入学试验;9月8日上午十时,又举行开学式,黄炎培报告了学校成立的原因及其组织方法、捐款情形等,学校主任(校长)顾树森致"训词"。经入学试验考取的80名学生正式入学上课。虽然中华职业学校经费竭蹶,但不收学费,学生只须每年缴纳课业用品费4元;若寄宿者,每年尚需缴纳膳费30元。除主任一职外,学校另设商科、工科、教务、训育、事务主任各一人。

由于学校常年经费尚未筹得,为了保障学校教学工作正常运转,9月8日,

[1]《中华职业教育社通讯:中华职业学校附设钮扣科之旨趣及办法》,载1918年7月12日《申报》。

职教社特邀集上海绅商各界巨子筹议募金办法，聂其杰、穆杼斋、吴馨、陈光甫、钱新之、史量才、叶养吾、阮介蕃、朱少屏等数十人参加。在宴会上，黄炎培向大家报告了中华职业学校成立的经过；最后，决定采用"分团募金办法"，进行筹费。共分25个队，每队各有队员若干人，每队任务是募金五万元。9月12日，黄炎培和蒋梦麟、顾树森等又联名发表《创设中华职业学校募金启》，号召有识之士赞助职业教育、职业学校，以求社会百业改良与进步，挽救国家、民众之贫困，并具体规定按捐助金额的大小，推为本社永久特别社员并赠金质徽章，或推为永久特别社员等奖励。之后，各组分头进行募金活动，至9月30日，共募得35496元，从而为开办之初学校的顺利发展奠定了物质基础。

中华职业学校设立的预定目的在于为社会培养经济发展所急需的技能型人才。这些人才是既有一技之长，足以自谋生活，又具有健全人格，有益于社会的良善公民。有鉴于此，中华职业学校以在立校的第一天黄炎培所手书的"敬业乐群"为校训，要求学生热爱专业，认真学习职业知识技能，同时，强调学生优良职业道德的养成。针对当时整个社会和学校学生鄙视生产劳动的实际情况，学校以黄炎培的题

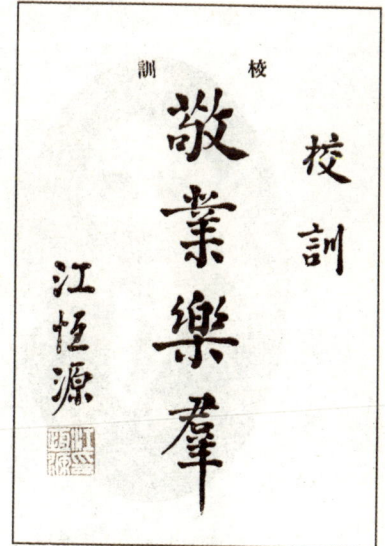

江恒源书写的"敬业乐群"校训。

词——"劳工神圣"为口号，以"双手万能，手脑并用"图案为校徽，注重劳动与实习，以树立劳动光荣的观念；严格规范学生行为，组织"职业市"等学生自治组织，由教职员随时指导；要求学生具有"金的人格，铁的纪律"；用"人生以服务为天职，利居群后，责在人先"来教育学生。学校并以这些精神为基础谱写了校歌。该校歌由黄炎培、江恒源作词，黄自作曲，歌词写道："努力！努力！自己的努力，过自己的生活。努力！努力！我的努力，帮助别人的生活。努力！努力！一致的努力，养成大众共同生活。用我手，用我脑，不单是用我笔；要做，不单是要说。是我中华职业学校的金科玉律。"可见，校歌的主旨就是"自己努力过自己的生活，更以我的努力帮助别人的生活"。

发起创办东南大学和上海商科大学

东南大学、上海商科大学校长郭秉文。

1920年4月，受第一次世界大战后西方资本主义发达国家发展大学教育的启示，和国内"改大"风潮的影响，南京高等师范学校校长郭秉文在校务会议上提议，在南京高师的基础上创办一所国立大学,得到了与会委员的一致赞同。鉴于东南地区尚没有大学,经讨论,一致认为该大学可暂名为东南大学,并决定自行组建"东南大学筹备委员会",以"教育界的权威,对国务院有影响的人物,辅以经济实业界巨头"来确定发起人名单。黄炎培和郭秉文、穆藕初、王正廷、张謇、江谦、袁希涛、沈恩孚、蒋梦麟等共同被推举确定为发起人。他们一致认为,在南京创办国立东南大学,其利有十,主要包括:南京交通发达,气候温和,风景秀美;作为历史都会,南京的文化影响可谓流风余韵;以南京高师为基础改建大学,驾轻就熟;东南地区向为输入欧美文化之捷径,于南京设立大学,有助于学术发展,使之进入世界大学之林;等等。

12月16日,在教育部的批复下,"东南大学筹备处"正式成立。"筹备处"成立后,首先拟定了校董会章程和董事人选,黄炎培和穆藕初、蔡元培、张謇、蒋梦麟等15人(后增至17人)被教育部核准为国立东南大学校董。

1921年2月,暨南学校商科迁到上海徐家汇。7月,东南大学成立后,担任校董的黄炎培为初创的东南大学的发展竭力出谋划策,做了大量有实效的

东南大学校门。

工作。如大力帮助学校兴办暑期学校，多次到校讲演或举办讲座等。与此同时，是年6月，由包括黄炎培、穆藕初、史量才、聂其杰、陈光甫等在内的15人共同组成了上海商科大学委员会，详细讨论了筹建上海商科大学的具体办法。之后，东南大学和暨南学校协商，决定两校合力办一所商科大学，定名为国立东南大学暨南学校合设上海商科大学，校址在上海霞飞路尚贤堂。

7月13日，郭秉文、柯成懋在《呈教育部报合设上海商科大学请鉴核备案文》中如此言道："上海为吾国通商大埠，商业人才，普通者虽渐见众多，而于商科应有各科目极深研究，足膺大学专门教授之选者，现尚寥寥之可数……举办商科，意在造就高等商业人材。"[1]9月23日，上海商科大学获准教育部备案正式开办，由郭秉文任校长，马寅初任教务主任。

然而在东南大学和上海商科大学创立伊始，经费奇窘，特别是东南大学，甚至对于学生最为需要的"万事中尤急之一"的图书馆也无款兴建。为此，黄炎培和其他校董一起，联名号召国内"博施之士"能够为东南大学捐资建馆。10月，当得知江苏督军齐燮元禀承其父齐孟芳之意，准备出巨资为东南大学捐建图书馆时，黄炎培按捺不住内心的喜悦，和其他校董及任鸿隽联名写信齐燮元特致谢忱，称齐此举使得"东南学子，咸受沾溉"。翌年5月，图书馆建成，命名为"孟芳图书馆"，但新建的图书馆既缺图书，更乏设备，于是，黄炎培联合其他校董联名发布了《东南大学孟芳图书馆募图书启》，并拟"募捐图书办法"数条，呼吁国内藏书之家、奖学之士，或割爱转赠，或捐资购备有关图书，以期东南大学"在校内师生，参考接受，由此而益明；在校外之士，研摩教育，缘兹而普及"。

[1]《南大百年实录》编辑组：《南大百年实录》（上卷），南京大学出版社2002版，第133~134页。

职业指导思想与实践

1. 倡导职业指导

在职教社同人看来，职业教育与职业指导二者互相为用，没有轻重先后之分，故"不研究职业教育则已，如研究职业教育，必研究职业指导；不提倡职业教育则已，如提倡职业教育，则必提倡职业指导"。[1]和职教社同人一样，在黄炎培看来，职业指导不仅是职业教育的重要组成部分，甚至是"职业教育的先决问题"。所以，职教社成立后，他将职业指导视为沟通教育与社会、实践职业教育的一个主要途径，在开展对职业指导理论的探讨和宣传的同时，积极参与职教社所发起的大规模的职业指导实践运动。

由于重视职业指导，1919年10月，职教社特辟《教育与职业》第15期为"职业指导号"，这也是《教育与职业》创刊后的第二个"专号"。黄炎培在该专号的"介绍语"中如是说："我们既办了职业学校，在学生分科选业上很有关系。因而想到岂但是职业学校有这种情形，就是别的学校学生来学，凭怎么方法替他们分科？用怎样方法教导他们养成他们职业界的种种资格？学成以后，更有怎么方法使得他们走一条相当的出路？仔细想想，这个职业指导，简直是职业教育的先决问题了。"[2]

职业指导不仅要使人们择定适宜的职业，而且，必须要使所择职业和

---

[1] 王志莘：《何谓职业指导》，载《教育与职业》第15期，1919年10月。
[2] 黄炎培：《〈职业指导号〉的介绍语》，载《教育与职业》第15期，1919年10月。

人的性格、气质、兴趣等相适应。在黄炎培看来,实施职业指导,"脱不了两个标准,一个是职业心理,一个是社会状况"。因此,在开辟"职业指导号"后不久,1920年2月,《教育与职业》又刊出"职业心理号",刊载了由黄炎培等译、美国哥伦比亚大学教授荷令华甫所著的《职业心理学》一书。该书介绍了当时流行于西方的一些考察人的品性的方法,阐述了职业实验与学校课程的关系,强调根据人们不同的心理来确定职业,主张男女均应当具有相应的职业。鉴于"全书都是根据实验,并非理想;都是在数量的多少上、尺度的长短上试验比较,并非糊里糊涂的猜测武断",所以黄炎培说"这就是最新的科学态度,也就是这书的特别价值"。[1]其实,将《职业心理学》翻译介绍到中国,本身即表明了黄炎培对于职业指导的科学认识和理解!

2. 关注职业指导

为进一步加强对职业指导的推进,1920年3月,中华职业教育社职业指导部正式成立,并组织委员会,特由办事部推定黄炎培和陆规亮、顾树森、俞泰临、潘文安、黄伯樵、秦翰才、沈恩孚等人为委员(其中陆规亮为主任),全面负责职业指导的领导与开展工作,议定进行程序和期限;决定定期召开常会,必要时得召开临时会;并议决通过了由潘文安和陆规亮分别拟定的《成立宣言书》和《进行顺序及期限》。职业指导部成立后,为了对职业指导"切切实实从根本上做去,下一番彻底研究工夫,实地的去试验",[2]依原定计划,首先对上海等地实业界的职业种类和教育界的一些重要学校毕业生的基本情况作了一定调查,并将向上海各实业界著名人物的谈话所

---

[1]黄炎培:《〈职业心理学〉的介绍词》,载《教育与职业》第17期,1920年2月。
[2]中华职业教育社:《本社创设职业指导部宣言》,载《教育与职业》第19期,1920年4月。

得由陆规亮汇集成《职业实验谈》一册，于1920年5月作为《教育与职业》临时增刊，由上海文明书局出版。黄炎培为之写了"弁言"，恳望广大青年"精细审察己之境地品性能力，以从事于相当之学业"，进而从事于相当的职业；并在从事职业时，力戒虚浮，坚持"诚实厚道待人，严格律己，虚心求学，实力任事"，以服务社会。

1923年7月，职教社在职业指导部的基础上，设立职业指导委员会；是年9月，又改组办事部，设立指导股，"专掌执行职业指导委员会议决案及办理其他关于职业指导事项"，并负责编译职业指导相关书籍。此后，到1926年前，研究部联合指导股，编辑出版了"职业指导丛书""职业教育丛刊"等，其中，黄炎培对一些职业指导书籍给予了特别的关注。

职教社编辑股主任邹韬奋。

如1923年4月20日，黄炎培为邹韬奋编译的《职业智能测验法》作序，言道："职业指导为施行职业教育之前一步工夫，而职业测验又为施行职业指导之前一步工夫。对于曾就职业者，因测验而识其知识与能力之程度，对于未就职业者，因测验而识其天赋才能长短优劣之所在。"[1] 对于职业指导中运用测验的方法再次给予了充分的肯定。1925年5月，杨

---

[1] 邹韬奋编译：《职业智能测验法》，上海商务印书馆1923年版，"序"。

卫玉和彭望芬编译的《小学职业陶冶》出版，黄炎培不仅亲自校订，而且为之作序，指出"人欲受职业训练，必先受职业陶冶"，"职业教育于吾国，其为基至薄，诚欲厚培之，必自推行职业陶冶始"。[1]

3. 推行职业指导

黄炎培不仅对职业指导给予大力宣传和关注，而且积极参与职教社所开展的职业指导运动。

1924年2月23日，职业指导委员会于上海青年会召开第三次常会，黄炎培和刘湛恩、邹韬奋、杨卫玉、陆规亮、黄伯樵、朱经农、廖世承等职教专家与会，会议讨论通过了由刘湛恩起草、经职业指导委员会酌改的《择业自审表》，并议决于是年4月上旬至6月举行职业指导运动。经商定，此次运动命名为"一星期职业指导运动"，举办的学校为上海澄衷中学、上海青年会中学、江苏省立第一中学、济南正谊中学和武昌中华大学附属中学。在"一星期职业指导运动"期间，黄炎培不时赴各地讲演。如4月8日，应上海青年会之请，讲《职业原理大意》；4月14日，"一星期职业指导运动"在江苏省立第一中学开展的第一天，黄炎培讲了《职业的原理》。9月

职教社职业指导委员会委员廖世承。

---

[1] 黄炎培：《小学职业陶冶——序杨鄂联君、彭望芬女士合著》，载《教育与职业》第61期，1925年2月。

《职业指导实验》（第二辑）封面。

29日，职业指导委员会在上海青年会召开会议，黄炎培和刘湛恩、朱经农、邹韬奋、杨卫玉、黄伯樵等与会。会议决定将本年4月至6月间职教社在各处提倡职业指导的办法及统计情形，编成《职业指导实验》第二辑，付商务印书馆刊印；并将调查江苏学校状况的结果，编成《投考须知》一书，备教育指导及职业指导之参考；拟根据欧美各家著述，编译《职业心理学》，供研究职业指导之借鉴；本学期就中华职业学校试办择业预备科，同时议决择业预备科办法和课程内容，组织研究会办法及进行程序。

1925年1月，全面反映"一星期职业指导运动"概况的《职业指导实验》（第二辑）由邹韬奋编纂出版，黄炎培特为该书作序。"序"中言曰："今后吾人所宜致虑者，非在社会对于职业指导之不加注意，而在吾人是否能副注意职业指导者之责望。"[1]同时，在该书的"演讲"编中，还收有黄炎培在"一星期职业指导运动"期间于江苏省立第一中学所作的《职业的原理》讲演。在该讲演中，黄炎培对职业的含义、作用和性质等作了说明："在人类共同生活之下，凡确定的互助行为皆谓之职业"；"无论哪一个人都要有一种职业"；"无论何种职业都是为自己谋生和为公众服务"；"职业无贵贱，苟有利于人群，皆不可少"；"升学非贵，就业非贱。"[2]

1925年12月，在黄炎培提出"大职业教育主义"的理论思想后，职业指导得到了更为广泛地开展，而黄炎培也继续对职业指导不时地进行着宣传和推行。

---

[1]邹韬奋编纂：《职业指导实验》（第二辑），上海商务印书馆1925年版，"序"。
[2]邹韬奋编纂：《职业指导实验》（第二辑），上海商务印书馆1925年版，第37~38页。

四 职业教育制度确立的
积极推进者

1919年杜威（前排右一）及其夫人（前排右二）来华时和胡适（后排左一）、蒋梦麟（后排左二）、陶行知（后排左三）、史量才（前排左一）等人合影。

积极推进学制改革

1. 倡导学制改革

在20世纪初职业教育制度确立的过程中，全国教育会联合会作出了突出贡献；而黄炎培则先后参加了于1916年10月、1917年10月、1920年10月至11月和1921年10月至11月举行的全国教育会联合会第二、第三、第六、第七届年会，特别是在第六和第七届年会中，他对职业教育制度的初步确立作出了积极的贡献。

全国教育会联合会成立于1915年4月20日，它"以体察国内教育状况，并应世界趋势，讨论全国教育事宜，共同进行为宗旨"。[1]成立后，沿袭清末各省教育总会联合会的传统，每年定期召开会议。据统计，从1915年至1925年，全国教育会联合会共举行过11届年会，"凡全国教育上之大经大法，以及种种教育之实际问题，如新学制、职业教育、义务教育、乡村教育、公民教育、童子军教育，与夫处置各国退还之庚款问题，靡不由该会研究讨论，建议于政府及各省教育机关，采择施行。其于全国教育，关系甚巨"。[2]特别是，有鉴于适应政体变更而制定的"壬子癸

[1] 中华民国教育部编：《第一次中国教育年鉴》，上海开明书店1934年版，"戊编"第157页。
[2]《教育界消息：行将开幕之全国教联会》，载《教育杂志》第16卷第10期，1924年10月。

丑学制", 由于制定时过于匆忙、仓促、"催产", 缺乏对社会、国情、教育发展及学生心理较为深入的研究基础, 故不可避免存在一定的先天不足; 且随着该学制施行不久即弊端日现, 要求适应社会需要改革学制的呼声日渐高涨。

1920年10月20日, 全国教育会联合会第六届年会在上海开幕, 黄炎培被推举为大会主席。1921年10月26日至11月7日, 全国教育会联合会第七届年会又在广州召开, 这次会议的中心议题就是讨论学制改革问题。由于本次会议各省有关学制的提案达11件之多, 会议决定组织审查会, 推举黄炎培为审查长, 黄炎培和袁希涛、金曾澄为起草员, 草拟审查报告。经过广泛讨论和审查, 会议以"广东案"为基础, 于11月2日议决了一个新的学校系统, 即《学制系统草案》。其中规定, 中等教育采用选科制, 可设职业科和师范科; "为推行职业教育计, 得于高级中学职业科内附设职业教员养成科"。

2. 肯定学制改革

《学制系统草案》议决后, 全国教育会联合会请各省区教育会和教育行政机关详加讨论, 以征求意见。此后一年间, 黄炎培和教育界众多的有识之士积极加入了这场汹涌如潮的学制讨论。在讨论中, 他对《学制系统草案》中职业教育地位的确立给予了充分的肯定。

1922年1月, 黄炎培在《民国十年之职业教育》(刊于《新教育》第4卷第2期) 一文中指出, 在1921年, "职业教育之进展可得而叙述者, 有十事", 而其中之一, 即是"新学制确定职业教育之地位"; 2月23日, 他又在《我对于新学制的希望》(刊于当年5月出版的《教育杂志》第14卷"号外") 一文中, 既对《学制系统草案》的有关改革给予了充分肯定, 也指出了它的不足, 并提出了进一步改进的建议。

黄炎培说: "本案之精神, 全在中等教育段, 所谓纵横活动是也", 而其

黄炎培所作的刊登于
《教育杂志》上的《我对
于新学制的希望》。

"纵横活动"的重要体现之一，就是在中学设立灵活多样的职业科，兼顾中学升学和就业的双重功能。此外，黄炎培还认为：废置预科乃是高等教育的一大改革。对于设在大学和高等师范学校的附属中学，应首先按照《学制系统草案》的规定举办；对于甲种农、工、商业学校，如果不改为专门学校的话，则必须将之确认为职业教育性质。建议组织"学程研究会"，专事研究实施《学制系统草案》所规定的各级各科课程；鉴于《学制系统草案》"诚活动也"，必须"根据教育原理与地方情形，善为运用"。[1]

邀孟禄来华作教育调查

孟禄（Paul Monroe, 1869~1947），美国著名教育家，曾任哥伦比亚大学师范学院院长。孟禄是在1921年9月5日到华进行教育调查的。此前，美国的

---

[1] 黄炎培：《我对于新学制的希望》，载《教育杂志》第14卷"号外"，1922年5月。

孟禄。

1921年孟禄（左三）来华进行教育调查时与陪同他的陶行知（右三）、凌冰（右二）、王卓然（右一）等人合影。

另一教育家杜威（John Dewey, 1859～1952）曾经在1919年4月30日来到中国，宣传实用主义哲学和实用主义教育理论，直至1921年7月11日离华。杜威在华期间，中华职业教育社数次邀请杜威到社讲演。如1920年5月29日，杜威在职教社讲演《职业教育之精义》；翌日，又在职教社讲演《职业教育与劳动问题》。在这些讲演中，杜威对职业教育的重要性、含义、实施方法等，均进行了说明。所以，黄炎培言曰："杜威博士之来华，其所提倡之主义不啻于吾人以最有力之证明，……博士其世界之福星哉……敬告国人，吾社向所提倡之主义，今后其可无庸疑骇。"[1]

杜威离华后，1921年8月，黄炎培和张一麐、范源濂、严修、梁启超、张謇、郭秉文、张谨、孙凤藻、陈宝泉、张伯苓、蒋梦麟、金邦正、凌冰、邓萃英

[1] 黄炎培：《我之最近感想》，载《教育与职业》第14期，1919年9月。

等联合发起组织了"实际教育调查社",邀请孟禄来华开展对中国教育进行调查的活动。

实际上,早在1913年,孟禄率基督教代表团在考察菲律宾教育后顺道访华,时由黄炎培任司长的江苏省教育司,特函请江苏省教育会派员带孟禄参观江苏省"可以代表吾国幼稚、小学、中学、大学、实业、师范、女学等之教育,每种各一二处"。参观之余,孟禄并在江苏省教育会发表演讲,建议中国教育"仿效西国,只宜采人之长,补我之短,而中国固有之长仍须保守";[1]并劝告黄炎培等人,应注重实业教育和学校卫生教育。

为了使孟禄来华教育调查取得良好效果,黄炎培和实际教育调查社的全体发起人发出"捐启"。其中言道,"我国兴办教育,已近廿稔。言实际者,概墨守成规;谈理论者,多不求甚解。欲二者融合无间,俾教育与社会相一致,而合夫世界最新之潮流者,犹不易易觏也";虽然此前杜威、罗素等先生来华促使中国教育界、思想界为之一振,"于教育理论方面其成效昭然可睹,然此理论如何而可施诸实际,则非集合学识经验丰富之教育家,为实际的调查研究不易为功,故同人等应时势之需要,组织实际教育调查社,首约美国孟禄博士来华,共同担任其事";其进行方法:"一募集款项,二预备招待及聘请译员,三介绍社员及组织委员会,四调查研究",而其中,"以募款一项,尤关紧要",所以殷"望开明认捐数目,以便汇齐,确定进行之计划"。[2]

由于北京是中国教育枢纽之所在,北京高等师范学校教育科又是当时中国研究教育最重要的学术机关之一,所以实际教育调查社决定于北京高等师范学校设置筹备处,并推举北京高等师范学校校长邓萃英为临时主任,主持一切事务。同时,江苏省教育会推举黄炎培与郭秉文、袁希涛、贾丰臻、

---

[1]《招待孟禄博士纪略》,载《教育研究》第6期,1913年10月。
[2] 王卓然编纂:《中国教育一瞥录》,上海商务印书馆1923年版,第6~7页。

张叔良、沈恩孚六人担任招待接洽事宜。

1921年9月5日，孟禄在其女儿陪同下抵达上海，黄炎培和郭秉文、朱经农、陶行知、袁复礼、王志莘等人特到码头迎接。9月6日，孟禄在上海商科大学与黄炎培、沈恩孚、余日章、郭秉文等人谈教育问题。9月8日，上海商学各界计19个团体百余人公宴孟禄，宴毕，黄炎培、郭秉文、蒋梦麟先后致辞。黄炎培说：早在八九年前，孟禄博士就曾到中国，给予中国教育发展以指示，使中国教育界"顿觉恍然，乃谋改进"；今天，虽然中国的教育有了一定的发展，"而临时感察，总以弱点甚多而无办法为大缺憾"；孟禄博士再次来华，必将给中国教育以更好的指导，这也是我们所"深可欣慰者"。[1]10月29日、31日和11月6日，黄炎培又和孟禄进行了多次谈话。

1922年1月7日，孟禄顺利结束对中国教育的调查，乘"亚细亚皇后"号归国，黄炎培和郭秉文、沈恩孚、陶行知等均到埠送别。

在孟禄离华后半个月，即1月22日，黄炎培特作了《我所希望孟禄来华的效果》，这一刊登在《新教育》第4卷第4期上的文章，将孟禄在华的言论最切中国实际者概括为三个方面："提倡科学问题"、"改良中学问题"和"养成教育指导员问题"。针对孟禄在这三个方面的建议，黄炎培希望：其一，国家应发展科学，这乃是关乎国家命运和存亡的重要问题，应该使"数年以内，采用集中设备制度，各省成立科学馆若干所，各大学专门学校各得埋头实验室的专门科学教师若干人，即中等学校，亦各有相当的科学设备"；其二，希望各省集合有关专家组织教育调查会，将中学的课程和各方面彻底地调查一下，并"速采行选科制，与以相当的设备，唤起学生研究的兴味"；其三，在高等师范学校内设立专科，以养成教育指导员。[2]

---

[1]《欢迎门罗博士之宴会纪·黄君词》，载1921年9月9日《申报》。

[2]黄炎培：《我所希望孟禄来华的效果》，载《新教育》第4卷第4期，1922年4月。

发起成立中华教育改进社

中华教育改进社是20世纪20年代对学制改革起到重要作用的一个教育团体。而身为该社董事的黄炎培，不仅在该社主编的《新教育》上发文对职业教育进行宣传，而且还任该社职业教育委员会主任一职，极力促进职业教育制度的确立。

早在1918年12月，由江苏省教育会联合北京大学、南京高等师范学校、暨南学校及中华职业教育社计五大教育团体，共同发起组织了中华新教育社。翌年1月，该社改称中华新教育共进社后，于2月创办了《新教育》杂志（月刊），蒋梦麟为主干（编）。1922年1月，自第4卷第2期起，由于蒋梦麟作为中国国民代表赴美参加华盛顿国际会议，乃公推东南大学教育科主任陶行知担任主干。陶任主干后，《新教育》在"养成健全的个人，创造进化的社会"的宗旨指导下，不仅致力于"宣传教育思潮，讨论教育问题，提倡教育事业，传布教育消息"等活动，而且实行分科编辑办法；在最初所设的十七个编辑组中，特设"职业教育组"，黄炎培、王文培、过探先、

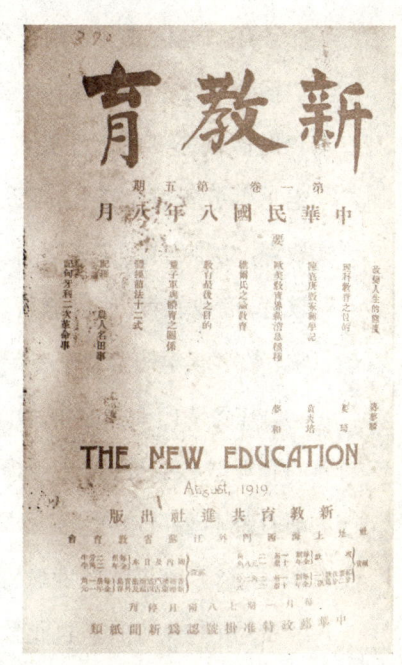

《新教育》封面。

顾树森、邹秉文等为编辑员。

1921年12月21日，新教育共进社、《新教育》杂志社和实际教育调查社联合改组成中华教育改进社。12月23日，黄炎培和蔡元培、范源濂、张伯苓、袁希涛、李建勋、汪精卫、郭秉文、熊希龄九人被推举为该社董事。中华教育改进社以"调查教育实况，研究教育学术，力谋教育进行为宗旨"，规定其主要社务有："通信或实地调查各种教育状况"、"依据实际问题研究解决方法"、"辅助个人或机关对于教育之实施或改进事项"、"编译关于教育之书报"、"提倡教育事业之发展及学术之研究"、"其他关于教育改进事项"；[1]决定总事务所设于京师，下设教育行政、高等教育、中等教育、初等教育、成人教育、幼稚教育、义务教育、师范教育、职业教育、女子教育、农业教育、工业教育、商业教育、医事教育、童子军教育、公民教育、美育、国语教学、生物教学、数学教学等计31个专门委员会。

在各专门委员会中，由黄炎培、邹秉文分任正、副主任，钟道赞担任书记的职业教育委员会，是规模较大的一个专门委员会。该委员会在成立之初，即有28名委员，位居各委员会前列。规定其任务是，"与中华职业教育社协作，聘请专家讲演职业教育，并指导职业教育事业"。方法主要包括："（一）经费：由本社与中华职业教育社担任募集。（二）讲员：物色各国著名专家。（三）讲员职务：甲、巡行讲演，唤起国人注意；乙、担任讲授，造就专门人材；丙、实际调查职业教育状况，指导改良。"[2]在这些任务和方法的指导下，职业教育专门委员会成为改进社推进职业教育制度确立的主导力量。

1922年7月3日至8日，中华教育改进社于济南召开第一届年会，会议讨论的问题主要有学制、教授方法和教育经费三个方面。在开幕式上，黄炎培作

---

[1] 朱有瓛、戚名琇、钱曼倩、霍益萍编：《中国近代教育史资料汇编·教育行政机构及教育团体》，上海教育出版社1993年版，第544~545页。
[2]《教育与职业》第48期，1923年9月。

黄炎培（前排右一）和蔡元培（左三）、陶行知（右三）、张伯苓（后排右一）、熊希龄（后排左二）等中华教育改进社董事参加该社第一届年会。

了讲演。讲演中，针对有人认为职业教育就是"为个己谋生活"的看法，他指出：职业教育包括农、工、商、家事等，它的目的"不仅是为个人谋生的，并且是为社会服务的"，[1]并就义务教育与职业教育的关系，以及军队的职业教育谈了自己的认识。

在会议期间，由黄炎培任主席的职业教育组计开会五次。与会人员认为，在职业学校学程和行政机关中添设职业教育专科、职业指导与介绍、职业补习以及女子职业教育，均为时下职业教育至为重要的问题，故在讨论的数十项议案中，通过了多项重要职业教育议案：《编造全国职业教育统计案》《各种职业团体筹款设立职业学校案》《组织职业学校学程标准案》《省教育行政机关应设职业教育科并置专科视学员案》《推广女子职业教育案》《推广工人工徒职业教育补习案》等。

---

[1]黄炎培：《职业教育》，载《新教育》第5卷第3期，1922年10月。

此外，1922年11月"新学制"颁布前，《新教育》刊登了一系列有关职业教育的理论文章，以及介绍国内外职业教育发展状况的文字。而黄炎培在该刊上除发表《民国十年之职业教育》外，还发表了《一个全国教育界的大问题》《职业教育》等文章，对于《学制系统草案》关于职业教育地位的确定，不断给予充分肯定，对职业教育的未来发展寄予了极大的希望。

职业教育制度的确立与实践

1. 推动职业教育制度确立

袁希涛。

1922年9月20日至9月30日，教育部在北京召开学制会议，邀请教育专家和各省教育行政负责人等对《学制系统草案》进行审订、修改，并在此基础上，制定新的学制，黄炎培应邀参加会议，并多次对学制改革提出了自己的建议和意见。10月4日，他在《申报》上发表《学制会议之经过》一文，其中，详细介绍了是次会议议决通过的《学制系统改革案》与《学制系统草案》的区别。10月11日，黄炎培又参加了在济南召开的全国教育会联合会第八届年会。在年会期间，多次对学制改革提出了自己的意见。如

10月19日，全国教育会联合会第八届年会举行第三次大会，黄炎培与教育部特派员胡家凤暨各省代表许倬云、经亨颐、刘炳文等30余人出席。会议讨论商议是否缩短职业学校年限与高级中学等齐的问题，并公推黄炎培任学制起草主席，然因黄炎培晚上还要赴京，另推袁希涛起草。10月23日，黄炎培在《申报》上发表《全国教育会通过新学制案》，叙述从1921年11月《学制系统草案》议决到1922年10月全国教育会联合会第八届年会通过《学制系统改革案》，一年间学制改革大况，并全文录第八届年会所议定的《学制系统改革案》的内容。11月1日，北洋政府以"大总统令"的形式公布了第八届年会所议决的《学制系统改革案》，即《审查会报告案》，是为"壬戌学制"，也称"新学制"。

"壬戌学制"在诸多方面都有新的改革，特别是，它第一次确立了职业教育在学制上的法律地位。它规定："小学课程得于较高年级，斟酌地方情形，增置职业准备之教育"；"初级中学施行普通教育，但得视地方需要，兼设各种职业科"；"高级中学分普通、农、工、商、师范、家事等科"，酌量地方情形，单设一科，或兼设数科；"依旧制设立之甲种实业学校，酌改为职业学校，或高级中学农、工、商等科"，"依旧制设立之乙种实业学校，酌改为职业学校"；"职业学校之期限及程度，得酌量各地方实际需要情形定之"；"为推广职业教育计，得于相当学校内酌设职业教员养成科"。[1] 至此，通过黄炎培等无数教育界、实业界人士数年的努力，职业教育终于形成了一个完整的制度体系，取得了法律上的地位，这不能不使黄炎培额手称庆。1922年12月，满怀喜悦心情的黄炎培写了《民国十一年之职业教育》，其中所列的本年职业教育的四件大事中，第一件就是"职业教育在新学制位置之确定"。

---

[1] 璩鑫圭、唐良炎编：《中国近代教育史资料汇编·学制演变》，上海教育出版社1991年版，第991~993页。

2. 指导职业教育制度实践

"新学制"颁布后，各省市遵"新学制"关于职业教育的有关规定，采取各种措施，加大了发展职业教育的力度；而同时，黄炎培和广大教育界、实业界人士一样，并没有因为职业教育的地位在学校教育系统中得以确立，而停止对它的舆论宣传、理论探讨和实践追求。他曾参加多个省关于新学制的讨论会，并对河南、江苏、安徽、云南等省职业教育的实施进行规划、指导。

1922年10月30日，黄炎培应河南省教育厅厅长凌冰之邀，赴开封规划河南职业教育的推行。他在与凌冰晤商，并在调查开封、郑州等地的省立各实业学校情况的基础上，于"新学制"颁布后拟定了《河南职业教育进行计划》，对该省职业教育的发展，就职业教育的行政机关及各类职业教育的设施、方式等，作了较为明确的说明。他说，河南的职业教育除了依照"新学制"应改职业学校名称及组织外，还应由省教育行政和实业行政部门合设一个专办全省职业教育的总机关，该机关或称教育、实业两厅联合会，或称职业教育委员会；创办大学农科；可将省立专门学校并入大学；酌予扩充省立甲种工业学校；亟宜将省立甲种工业学校，迁往郑州，"以应其地之需要，而谋学、商两界之联络"；各县应就财力所及，先设乡村职业学校（注重农工）和城市职业学校（注重工商）各一所，并将旧有的乙种农、工、商校，分别并入。

1923年1月21至23日，鉴于加强教育与实业联络的重要性和必要性，江苏省乃采纳黄炎培的建议，召开"教育实业行政联合会"，黄炎培不仅参加了这次会议，而且"根据本省地方状况、就平日调查研究所得"，制订了《江苏职业教育计划案》，由大会议决通过。该《计划案》不仅提出由江苏省教育会及中华职业教育社会同作为全省职业教育的总机关，担负计划职业教育的专职任务，而且要求应根据"新学制"对于职业教育所作范围的规定，明确各类职业教育的宗旨，"一切设施依之以行"。此外，"计划案"还制定了各类职业教育推行的方针，如农业教育"采系统计划"，"定分区制度"；工业教育提倡"机械工业"与"手工业"；商业教育以"正式商业教育"与"商业补习教育并进"；女子家事教育注重"设科"与"传习"问题；等等。[1]

安徽省在"新学制"颁布后，决定除旧布新。1923年2月1日至3日，为防思虑不周、规划不详，特召集省内外教育专家组织召开"安徽省实施新学制讨论会"，参加会议的有：中华职业教育社办事部主任黄炎培、教育部普通教育司司长陈宝泉、东南大学农科主任邹秉文、东南大学教授兼附中主任廖世承、东南大学教授兼江苏省立第一中学校长陆殿扬、东南大学教授兼预科主任孙洪芬、中华教育改进社主任干事陶行知、北京高师教授张小涵、东南大学教授韩安、安徽女子职业学校校长李寅恭等，共计24人。在这次会议上，黄炎培不仅和邹秉文、韩安制订了《安徽实行新学制后之农业教育办法》，供大会讨论，而且还单独拟订了《改进安徽职业教育办法案》，由大会通过。在

陈宝泉。

---

[1]《江苏制定职业教育计划案》，载《新教育》第6卷第3期，1923年3月。

该《办法案》中，黄炎培指出职业教育所应包括的机关有：旧制甲种农工商业学校，旧制乙种农工商业学校，男女各种职业学校、工艺学校、工读学校、职工学校及各种职业传习所、讲习所等，高级中学农工商家事科及初级中学职业科，小学校各种职业预备科，各种职业补习学校或职业补习科，各种职业科教员养成机关，慈善性质或感化性质之各种习艺机关。并特别指出："大学农工商矿科或农工商矿等专门学校，虽未定在职业教育范围之内，亦应谋绝对联络办法"；建议由教育行政部门会集各种职业教育有学识和经验者，共同组织成研究、指导全省职业教育的总机关——职业教育委员会，以办理开展地方学科调查及职业教育的相关教学、研究事宜，另就农业教育、工业教育、商业教育和女子职业教育等的改进办法作了明确说明。

此外，黄炎培还于1923年8月和1924年7月先后参加中华教育改进社第二、第三届年会，1923年10月和1924年10月先后参加全国教育会联合会第九、第十届年会，和教育界同人共商发展职业教育大计，积极参与规划各省职业教育的发展。同时，他和袁希涛、金曾澄、经亨颐、胡适作为新学制课程标准起草委员会委员，进行新学制课程标准的起草审查工作，并和段育华、袁希涛、金曾澄、王希禹作为新学制师范及职业科课程标准起草委员会委员，对《新学制职业科课程标准》的起草审定均起到了重要的推动作用。

五 "大职业教育主义"理论
及其教育活动

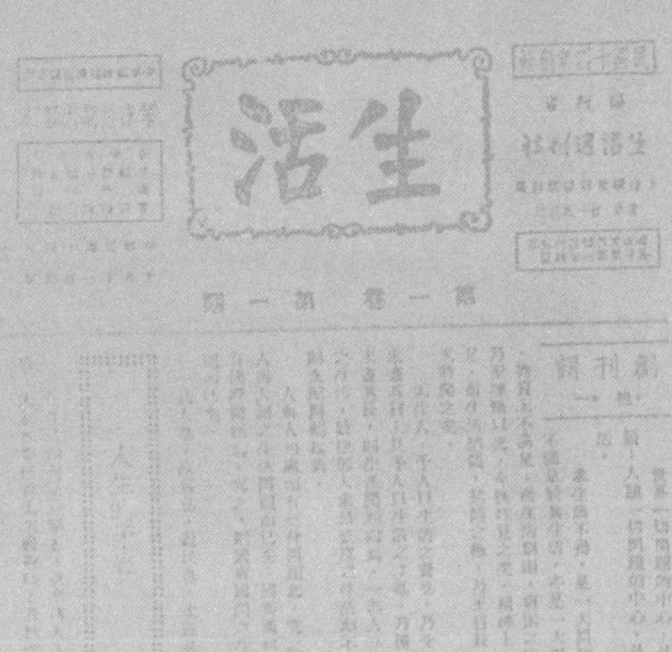

位于上海华龙路的《生活》周刊社址。

提出"大职业教育主义"理论

20世纪20年代中期，鉴于国内民族资本主义工商业的衰落使职业学校学生面临着就业无望的窘状，职教社同人开始反思此前他们对职业教育理论的认识和理解。通过反思，职业教育理论渐趋成熟。特别是1925年12月13日，黄炎培所作的《提出大职业教育主义征求同志意见》一文，首次提出了"大职业教育主义"的理论，并对之作了全面、深刻的论述。翌年1月，《教育与职业》第71期发表了黄炎培这篇重要文章。此后一段时间，"大职业教育主义"理论成为职教社开展职业教育实践的重要指针。

在《提出大职业教育主义征求同志意见》中，黄炎培指出，职业教育不仅仅是教育的一个特殊方面，而且它同其他方面的教育如高等教育、师范教育等也有普遍的联系。因此，"只从职业学校做工夫，不能发达职业教育"；"只从教育界做工夫，不能发达职业教育"；"只从农工商职业界做工夫，不能发达职业教育"。因为"社会是整个的，不和别部分联络，这部分休想办得好"。据此，他强调"办职业学校的，须同时和一切教育界、职业界努力的沟通和联络；提倡职业教育的，同时须分一部分精神，参加全社会的运动"。[1]

---

[1] 黄炎培：《提出大职业教育主义征求同志意见》，载《教育与职业》第71期，1926年1月。

《教育与职业》上发表的黄炎培所作的《提出大职业教育主义征求同志意见》。

　　"大职业教育主义"理论的提出，为当时职教社推进职业教育的发展开辟了新的道路，同时也标志着职教社对职业教育理论的探讨进入了一个新的阶段。此后，在"大职业教育主义"理论的指导下，职教社开始从更广泛的视域观览着职业教育，也从更宽泛的领域实践着职业教育。

　　如1926年2月22日至25日，中华职业教育社在苏州召开首次专家会议，此次会议又称苏州会议。由于时值中华教育文化基金董事会于2月26日至28日举行第一次常会，身为中基会董事的黄炎培没能参加这次专家会议。这次专家会议讨论的四个问题之一，就是"如何实现大职业教育主义"，认为实现大职业教育主义，应该斟酌缓急，根据经济、人才和能力所及进行办理。会议还决定将所讨论的"如何实现大职业教育主义"，提交当年5月的第九届年会广泛讨论；同时确定职教社在继续开展职业教育的同时，"应加入政治活动，以增实力，并与职业社会作实际联络，以期合作"。

5月6日，职教社第九届年会在杭州召开，也正是这次会议，使黄炎培的"大职业教育主义"理论得以广泛宣传，并被同人普遍认可。在会上，职教社同人对"大职业教育主义"理论进行了深入讨论。其中，陶行知、邹韬奋分别作《〈大职业教育主义〉之说明》和《大职业教育主义之说明》的讲演，极力论证"大职业教育主义"理论的合理性和实施的必要性、可行性。

年会召开伊始，黄炎培特作《述九年间之职教》一文，在《年会会刊》第一期刊登，《申报》1926年5月7日作了转载。在文中，黄炎培同样对"大职业教育主义"理论进行了极力倡导。他说，职业教育的发展分为三个时期：第一个时期的工作，为"主义之商榷与名词之诂释"。第二个时期，是"社会之响应，与国（家）政府之采用"。此期，不仅各地的实业家热心职业教育，筹设职业学校，而且，全国教育会联合会每年的年会也有有关职业教育的议案议决，于1922年颁布的"新学制"终于确定了职业教育的合法地位。但此后，由于国际贸易失败，"实业骤落"，"政策虚悬"，致使职业教育"因是而顿挫矣"，遂进入第三时期。黄炎培说，鉴于第三时期人民生计日艰，"迫使吾人发生重大之觉悟"："夫欲解决其生计问题与知识问题，舍职业与教育，更有何道"？"大职业教育主义，吾人信为今后所当尽力矣"。[1]

5月8日上午9时，中华职业学校联合会第五届年会在浙江省教育会召开，黄炎培和曹伯权、赵师复、潘文安、潘吟阁、邹韬奋、王企华、章伯寅、杨卫玉、姜琦、黄竹铭、周开森等70余人与会。在会上，黄炎培报告了执行案件情况，并略述意见道："职业教育重在实行而不重在空言……吾人近来办理职业教育，一面积极进行，一面在进行中时遇困难。据最近所感触，觉吾人专注力于教育方面，为效仍不甚大，以为须与社会上多方面联络，与社会上多方面合作，始能增大效力……徒关门办学校，决难奏效。故近来甚觉大职业教育

[1]《黄任之述九年间之职教》，载1926年5月7日《申报》。

之必要,曾作一文,登载《教育与职业》第七十一期,此一名词完妥否姑不论,而此种联络合作之精神与方法,则实甚重要。……惟除我等同人公同研究与互助外,尚须注意与社会上各方面联络与合作,则其效力更可发展。鄙人服务职业教育,自当竭其心力向此目标做去。"[1]

此后,黄炎培在不同的场合不时地阐释着"大职业教育主义"。如1926年,职教社在总结十年来的中国职业教育时,他指出,"努力与劳动界联络与相当知识,以谋改善其生活,努力改进农村事业,使成教育化,为最大多数人民的最大幸福的基础",这就是"大职业教育主义"。1927年2月,他又提出,办职业教育须下三大决心,即"须下决心为大多数平民谋幸福","须下决心脚踏实地、用极辟实的工夫去做","须下决心精切研究人情、物理,并须努力与民众合作"。可见,实施大职业教育主义,必须投身于社会活动中去,考虑最广大民众的需求。基于此,职教社开始积极开展农村改进,打破了此前只偏重于职业学校教育的狭隘圈子,将职业教育由学校推向了广大的农村和城市,其工作也开始由过于注重职业学校教育转向职业学校教育、职业指导和职业补习教育并重。

创办《生活》周刊

在"大职业教育主义"的宣传和倡导方面,《生活》周刊发挥了重要的作用。

《生活》周刊是1925年10月11日由中华职业教育社于上海创办,王志莘

---

[1]《中华职教社在杭开年会纪:黄任之报告执行案件情形》,载1926年5月9日《申报》。

中华职业教育社创办的《生活》周刊。

任主编。这一由职教社主任黄炎培所书刊名的杂志，最初所定宗旨不仅是要"专门用来宣传职业教育及职业指导的消息和简要的结论"，"大部分的篇幅都是登载各报上搜集下来关于职业教育的消息"，而且希望揭示出"社会上困苦和快乐的生活实况"、"人类生活正当的途径"、"改善人类生活的方法"及"各种职业之性质与青年择业安业乐业的准则"。黄炎培在《创刊词》中曾开宗明义地说：

世界一切问题的中心，是人类；人类一切问题的中心，是生活。求生活不得，是一大问题；不满足于其生活，亦是一大问题。物质上不满足，而生活穷困，穷困之极，乃至冻饿以死，今既时见之矣。精神上不满足，而生活愁闷，愁闷之极，乃至自杀，今又时闻之矣。天生人，予人以生活之资也，乃受焉而未尽其利；且予人以生活之才也，乃备焉而未尽其长，则生产问题起焉。一部人享优越之生活，致他部人求最低度之生活而不得，则支配问题起焉。人与人相处而有社会问题焉，究之，则人与人间之生活问题而已矣；国与国相处而有国际问题焉，究之，则国与国间之生活问题而已矣。……吾鉴夫此问题意味之日益严重，与其范围之日益广大也，欲使有耳，耳此，有目，目此，有口，口此：合力以谋此问题之渐解，作《生活》。[1]

可见，《生活》周刊创办伊始，即在致力职业教育的同时，关注现实，关注大众，力谋社会生活问题之解决。

1926年10月，邹韬奋接替王志莘任《生活》周刊主编，乃极力宣传和实施"大职业教育主义"。在邹韬奋看来，"所谓职业教育乃以职业为目的，教育为手段，而皆与社会环境有连带关系"。[2]所以《生活》周刊不仅注重宣传职业教育，沟通各地职教讯息，而且十分重视职业指导，加强职业青年的"修养"，"期以生动的文字，有趣味有价值的材料，暗示人生修养，唤起服务精神，力谋社会改造"。[3]可见，此时的《生活》周刊，实际上在相当程度上实践着"大职业教育主义"的思想，正因此，1926年10月后，每期的发行量由原来的两千多份增至四万份。1929年10月改成十六开本后，更突增至八万份，对"大职业教育主义"的宣传和倡导起到了重要的作用。1933年12月16日，因遭国民党政府封闭，《生活》周刊出至第8卷第50期，被迫停刊。

---

[1]黄炎培：《创刊词》，载《生活》第1卷第1期，1925年10月。
[2]中国韬奋基金会韬奋著作编辑部编：《韬奋全集》（第1卷），上海人民出版社1995年版，第467页。
[3]《宗旨》，载《生活》第5卷第1期，1929年12月。

对农村教育的倡导与实践

1. 倡导农村教育

重视农村教育是黄炎培的一贯主张。早在1920年，在他的主持下，职教

农村教育弁言[①]

教育宜视社会生活状况以立方针，有定论矣。社会生活状况，有截然不能强同者两大类，则城市与乡村是也。生于城市者，或至不能辨菽麦；生于乡村者，偶游阛阓，目眩神骇。不知所谓平居之所接触互异，遂至生活之所倚托亦互异。城市偏于工商，乡村偏于农工，其大较也。

今吾国学校，十之八九其所施皆城市教育也。虽然，全国国民之生活，属于城市为多乎？抑属于乡村为多乎？吾敢断言十之八九属于乡村也。久居乡村姑勿论，即论城市往来负贩之夫、佣役食力之辈，试一览通衢，此瞵瞵其间者，吾敢断言其皆来自田间也。然则教育而不必根据社会生活状况也则已，苟其不然，教育者，宜审所趋矣；教育而无取乎为大多数人谋幸福也则已，苟其不然，教育者，宜知所重矣。吾尝思之，吾国方盛倡普及教育，苟诚欲普及也，学校十之八九当属于乡村；即其所设施十之八九，当为适于乡村生活之教育。夫苟大多数受教育者之所需，明明其在彼，而施教育者之所与，乃斤斤乎在此，供求不相应；使夫受教育者无以增益其生活能力，害犹小，使夫受教育者尽弃其学，而学因以减缩其固有之生活能力，害不更大耶？然则敝普及教育者，苟无以善其所施，安知不且敝虚名而贾实祸也？吾教育界同志而念此乎？乡村生活偏于农工，即乡村学校宜注重农工，就令不特设农工学校，亦宜于普通学校内设农工科；且宜于普通学校教授注重农工教材；且宜于普通师范学校外特设乡村师范学校，以养成乡村教员。

（原载《教育与职业》第二十五期，一九二一年）

① 本文原标题为"弁言"，"农村教育"为编者所加。

317

黄炎培所撰写的《农村教育弁言》。

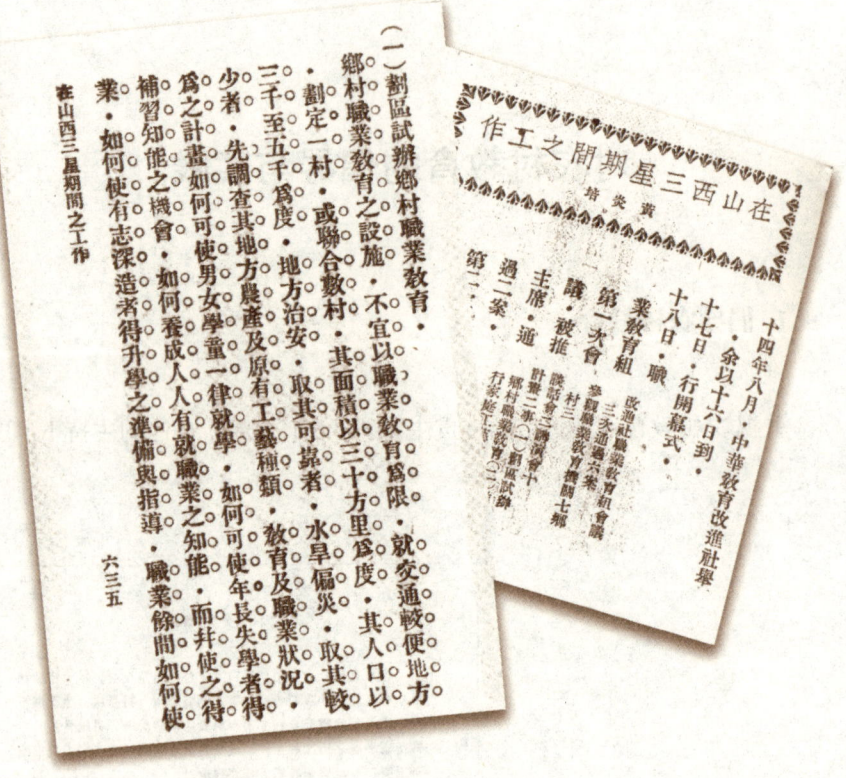

1925年，黄炎培提出划区试办乡村职业教育。

社即成立了农业教育研究会。1921年1月，《教育与职业》出版"农村教育号"，黄炎培特为之撰写"弁言"，其中说："吾国方盛倡普及教育，苟诚欲普及也，学校十之八九当属于乡村；即其所设施十之八九，当为适于乡村生活之教育。……乡村生活偏于农工，即乡村学校宜注重农工。就令不特设农工学校，亦宜于普通学校内设农工科；且宜于普通学校教授注重农工教材；且宜于普通师范学校外特设乡村师范学校，以养成乡村教员。"[1]1922年7月4日至7日，黄炎培参加了由中华职业教育社和中华农学会联合发起的于济南召开的全国农业讨论会。在4日的开幕式上，黄炎培致开幕词，他说，组织全国农业讨论会的目的，就是要讨论如何改进农业教育，如何用科学的方法促成农事试验。8月，有关这次讨论会的详细经过内容被编成专刊出版，黄炎培专门为该专刊题词："今日合全国人之知识坐而言，尤愿明日合全国人之能力起而行。"11月，黄炎培应河南省教育厅厅长凌冰之约，草拟了《河南职业教育进行计划》，在"职业教育的设施概要"中首列"农业教育"，并对其实施作了详细的设计。1923年2月，在安徽省实施新学制讨论会上，他又和邹秉文、韩安一起提出了《安徽实行新学制后之农业教育办法》，对当时安徽农业教育的推行有着重要的指导意义。

　　1926年5月6日，职教社第九届年会在杭州召开。黄炎培在会上报告说：应该"特别注重农村教育，一时虽不能推及各地，但拟就交通便利之地择一区或数区，实施改进农民生活，渐及各地"。[2]这次会议，特设了农村教育组，对改进农村生活专门进行讨论。在5月7日的农村教育组会议上，黄炎培特提出《试验农村改进计画》意见书，"鉴于近今教育事业，大都偏向城市，又其设施限于学校，不获使社会成为教育化，爰拟从农村入手，划定区域，从事试验，期以教育之力，改进农村一般生活，以立全社会革新之基"。[3]

　　5月9日晚7时，职教社在浙江省教育会宴请杭州实业、教育暨政治各界领袖，讨论征求会员一事，黄炎培和郑晓沧、张一麟、杨卫玉、褚辅成等与会。在会上，黄炎培讲道，办理教育事业，"端赖各方合作，方能奏效"，并再次对农村教育的重要性作了阐述。此后，在5月15日，职教社联合中华教育改进

[1]黄炎培：《农村教育弁言》，载《教育与职业》第25期，1921年1月。
[2]《中华职教社年会昨在杭开幕·主任黄任之报告》，载1926年5月7日《申报》。
[3]《中华职教社在杭开年会纪·农村教育组会议》，载1926年5月8日《申报》。

1927年避难大连时的黄炎培。

社、中华平民教育促进会总会、东南大学农科及教育科等，组织"联合改进农村生活董事会"，黄炎培任会长，陶行知任副会长，决定试办农村教育，并拟就沪宁沿线一带举办。6月10日，黄炎培和杨卫玉首先赴昆山安亭调查，以选择试验地址。6月16日，黄炎培再次和杨卫玉赴昆山，经和吴邦珍、蔡望之等详加讨论，最后确定以昆山徐公桥作为试验改进农村区域。之后黄炎培多次参加"联合改进农村生活董事会"在6月到7月召开的相关会议，讨论农村教育的实施问题。

1927年5月，黄炎培被国民政府目为"学阀"，遭到通缉，于是月19日离沪，到大连避居。之后，他被职教社委以调查职业教育及农村经济事宜。他原定取道西伯利亚前往欧洲，后因"行旅困难，旅费竭蹶"，加之当时刘湛恩、顾树森"均新从欧洲各国调查归来，行程宜避重复，因商从朝鲜、日本、印度各地入手，以风闻上列各地，于农村经济均有特殊之设施，而少有人注意故也"。[1]于是，从10月11日从大连启程赴朝鲜起，至11月6日回到大连，黄炎培计在朝三周。期间，他先后访问了朝鲜的京城总领事署、京城商业会议所、京城中华总商会、仁川领事署、平壤中华商会，调查的金融组合则有：京畿道金融组合联合会、南大门金融组合、华城金融组合、钟路金融组合、仁川金融组合、高阳金融组合。基于访问和调查，黄炎培回国后，于1927年12月写就《朝鲜金融组合调查报告》，于1928年1月由中华职业教育社出版。虽然此次朝鲜之行以调查金融组合为主要任务，但黄炎培还是趁便调查了职业教育，并写就《南满洲朝鲜职业教育之一斑》，同样于1928年1月由中华职业教育社出版，对所调查的南满洲工业专门学校职业教育部、旅顺工科大学、朝鲜劝业模范场及高等农林学校、朝鲜京畿公立商业学校、朝鲜京城高等商业学校、朝鲜京城高等工业学校、朝鲜京城于义洞公立工业补习学校作了介绍。

2. 实践农村教育

黄炎培不仅对农村教育给予宣传和倡导，而且还身体力行，积极实践。

1926年10月，经勘定后，联合改进农村生活董事会在赵叔愚的指导下，成立了徐公桥联合改进农村生活事务所，并草定了《改进农村生活事业大纲》，提出以昆山徐公桥乡为第一试验区，从事农村改进试验。1927年春，因政局变化，曾一度中止进行。1928年10月，改由职教社独任继续试验。

早在1928年5月12至13日，职教社第十届年会暨全国职业学校联合会第六届年会在苏州召开。在13日的农村教育组会议上，黄炎培专门报告了职教社对于农村教育事宜拟集中注意办理的构想，并说，"改进乡村宜以教育为中心"。

---

[1]黄炎培：《朝鲜金融组合调查报告》，中华职业教育社1928年版，第1页。

会议通过了《关于改良农村之原则及具体法案》，该《法案》所定原则有三："（1）划定区域以教育为中心设施一切改良农村事宜；（2）以徐公桥为一个试验区域，另指一处或数处同时举行试验；（3）就目的相同之公私各机关或团体成立联合之组织共同办理实施事宜。"[1]实际上，自本次年会后，职教社的办理事业，即开始集中于"试验教育""职业指导""农村教育"三大端。

6月16日，职教社于南京成立改进农村委员会，它"以研究改进农村为主旨"，具体任务包括：调查农村实际状况，研究农村改进方法，设计农村改进事业，指导农村改进事宜。6月26日，中华职业教育社召开评议员会，会议选举评议员毕，即提议添设农村职业教育股和职业指导股，这是在职教社中第一次设立专门的农村职业教育负责部门。此后六年间，虽然黄炎培不再担任办事部主任一职，但他仍然关心、关注着职教社农村教育的开展，特别是领导徐公桥农村改进实验区，积极推行农村改进。

12月23日，黄炎培和江恒源一同赴徐公桥考察；12月31日，和周开森一同赴徐公桥筹备民众大礼堂落成典礼；1929年5月9日，和江恒源、杨卫玉、姚惠泉赴徐公桥举行民众夜校毕业测验；9月29日，徐公桥乡村改进会召开秋季村民大会，黄炎培和江恒源、潘文安、姚惠泉、周开森等赴徐公桥参加；12月28日，他又与江恒源、杨卫玉、姚惠泉一同到徐公桥参加改进会临时执委会议……每每看到徐公桥的农村改进所取得的进步，黄炎培总是赋诗对之加以赞美。如其中一首《徐公桥晓行》曰："楚歌荒祠庙，徐公尚有桥；……车声全市梦，帆影半江潮；兄弟双人望，珠玑十信条；一村孕诗意，诸女倦时妆；野水天然美，春畦到处忙……"[2]

在实践农村教育的同时，黄炎培还写了多篇有关农村教育的论文，对农

---

[1]《分组会议：农村教育组》，载《教育与职业》第96期，1928年7月。
[2]抱一：《徐公桥晓行》，载《教育与职业》第103期，1929年4月。

村教育从理论上进行探讨。据不完全统计，仅从1928年至1933年，黄炎培就发表了《与安亭青年合作社谈乡村事业》《某自治农村进行方案之研究》《发见两件急需的农村重要工作》《社会经济严重问题之一斑》《徐公桥乡村改进史的最初一页》《从六年半的徐公桥得到改进乡村的小小经验》等文章。在这些文章中，他将实施农村教育视为改进乡村的重要途径，并就如何实施农村教育进行了深入探讨。当然，黄炎培也认为，农村改进的方式很多，绝不仅也不应该仅仅局限于教育一途。

对职业教育的深层思考

1928年6月26日，在中华职业教育社评议员会召开之际，黄炎培向评议会提交了辞去办事部主任一职的呈文。他说：如果一个人在某机关任领导职务时间过长，那么，"其结果，就对外言，易使一般人对其事业随对人之情感而转移，致其事业使一般人观念不明了，乃至基础不稳固；就对内言，事权常集于少数人，易使多数人减轻其责任观念"。[1] 同时，鉴于江恒源"品格之高洁，学识之渊实，与其待人之诚笃，处事之勤敏"，均为人所公认、敬仰，黄炎培特推荐他继任自己担任办事部

江恒源。

杨卫玉。

[1]《黄炎培辞职原文》，载《教育与职业》第96期，1928年7月。

主任,另推荐杨卫玉任办事部副主任。同日,评议员会讨论了黄炎培关于辞去办事部主任一事,经反复讨论,考虑到黄炎培辞意坚决,勉允其暂时告退,惟要求他仍任职教社一部分事情。会议并投票选举江恒源为办事部主任,杨卫玉为副主任。

虽然不再担任办事部主任,但正如黄炎培自己所言,既然"以终身服务职业教育自勉",即使"充一普通职员",仍会"随同服务"。[1]事实也正如黄炎培自己所言。在辞去办事部主任到1931年"九一八"事变前,在三年有余的时间间,黄炎培仍然在孜孜于职业教育。在实践"大职业教育主义"的同时,不时地就职业教育进行着深层思考。这些思考,不仅深入,而且涉及面极广。

如1929年1月1日,黄炎培在《教育与职业》第100期即"百期纪念专号"上发表《我来整理整理职业教育的理论和方法》一文,该文既是对此前职业教育理论的一个总结,同时也是对未来职业教育的实施从理论上所作的一个方向指引。他在文中说,职业教育就是一方面要用科学来解决职业教育问题,一方面要用职业教育来解决平民问题。就前者来说,像"职业心理和职业指导问题"、"农艺化学和农业应用科学问题"、"机械工业问题"、"化学工业问题",乃至"工厂、商店、学校以及各机关的科学管理法问题",等等,无一不可以用科学或科学的方法来解决;就后者而言,农民、工人、商人、妇女、残废者、军队等的教育问题,乃至全部的农村问题和劳动问题,无一不是将平民作为对象,也无一不在职业教育的范围之内。

1930年2月9日,黄炎培参加在南翔南园举行的第四次专家会议,会议议决了《职业教育上精神训练的标准和方法案》。黄炎培在会上说明提案旨趣并提出以下问题:"究竟这种精神训练的方法适宜否?欲行这种训练方法,

---

[1]《黄炎培辞职原文》,载《教育与职业》第96期,1928年7月。

应提出哪几种训练要点? 训练应否分期, 并怎样分期? 怎样的提倡, 并怎样的检查结果? "[1] 3月24日, 他又作《职业教育机关惟一的生命是什么》一文, 发表在该年4月出版的《教育与职业》第113期。文中, 黄炎培特别指出, 办职业学校, 首先考虑的是设什么科, 而由于职业学校的基础是 "筑于社会的需要上", 所以, 职业学校的设科 "完全须根据那时候当地的状况"。4月10日, 职教社有感于女子职业教育尚未得以积极提倡, 故组织 "女子职业教育讨论会", 黄炎培和刘王立明、杨卫玉、彭望芬、赵师复等与会。会议讨论的主要问题有: 是否对女子应特别注重职业教育? 是否女子于职业有特别相宜或特别不相宜之点? 女子职业教育是否得与男子同校? 等等。

1931年2月, 黄炎培出席在苏州举行的职教社专家会议。会后, 他和蔡元培、胡庶华、刘湛恩、顾树森、张一麐、高阳、冷遹、江恒源、黄齐生、姚惠泉、杨卫玉、王志莘、雷沛鸿、贾观仁等42人联名发表了《中华职业教育社宣言》, 揭示 "迫在眉睫、刻不容缓"、日趋严重的四大社会问题, 认为要解决这些社会问题, "扼要之图, 确惟职业教育是赖", 并从14个方面就职业教育的改革提出了建议。

6月23日, 黄炎培还应商务印书馆举行三十五周年纪念之约, 写就《三十五年来中国之职业教育》长文, 力争从历史的角度来反思职业教育的发展。在该文中, 黄炎培分 "三十五年以前之职业教育"、"自光绪二十三年迄民国五年凡二十年间之职业教育" 和 "最近十五年间之职业教育" 三部分, 对职业教育的发展历史作了较为详尽的阐述。虽然, 黄炎培认为, 时下职业教育 "可谓一落千丈", 但他还是满怀希望并坚信, "职业教育前途, 以后或将有以大慰吾人之期望乎"![2]

---

[1]《社务述要》, 载《教育与职业》第112期, 1930年3月。
[2] 庄俞、贺圣鼐编辑:《最近三十五年之中国教育》, 上海商务印书馆1931年版, 第152页。

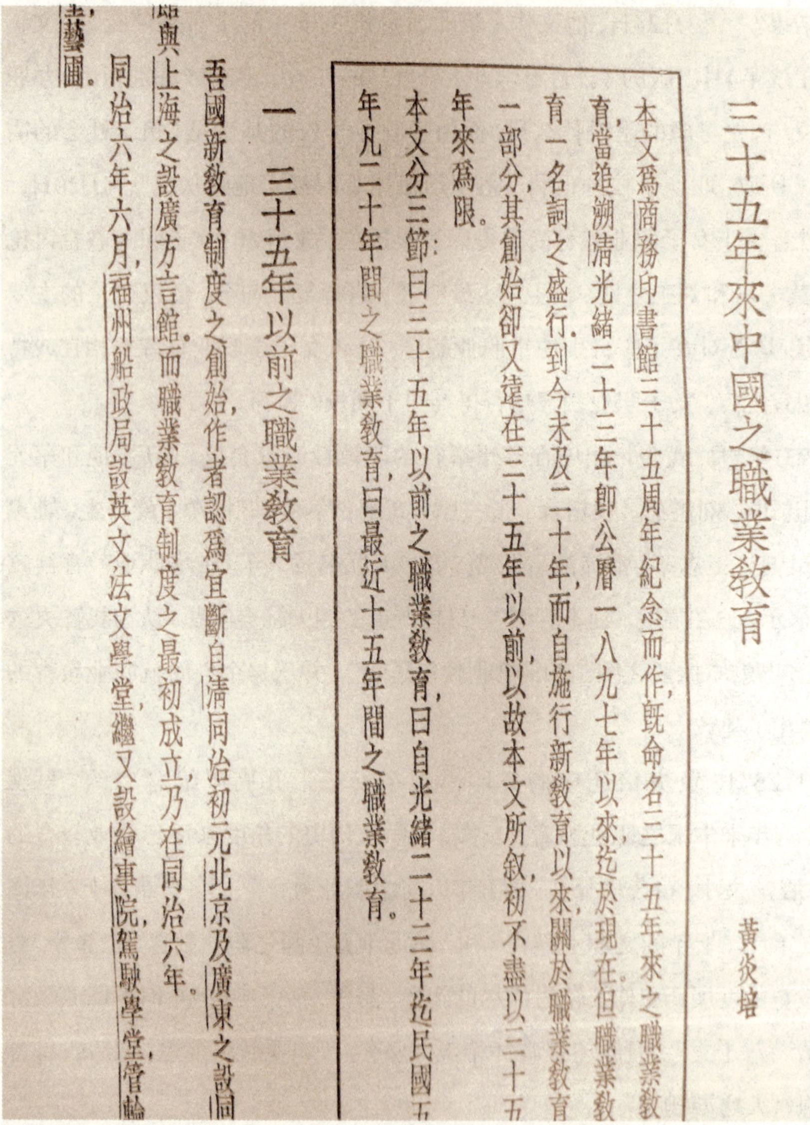

三十五年來中國之職業教育

黄炎培

本文爲商務印書館三十五周年紀念而作，既命名三十五年來之職業教育，當追溯清光緒二十三年即公曆一八九七年以來迄於現在但職業教育一名詞之盛行，到今未及二十年，而自施行新教育以來關於職業教育一部分其創始卻又遠在三十五年以前以故本文所敘初不盡以三十五年來爲限。

本文分三節曰三十五年以前之職業教育，曰自光緒二十三年迄民國五年凡二十年間之職業教育曰最近十五年間之職業教育。

一　三十五年以前之職業教育

吾國新教育制度之創始作者認爲宜斷自清同治初元北京及廣東之設同文館與上海之設廣方言館。而職業教育制度之最初成立乃在同治六年。同治六年六月，福州船政局設英文法文學堂繼又設繪事院駕駛學堂管輪堂藝圃。

黄炎培应商务印书馆之约所作的《三十五年来中国之职业教育》。

7月25日，黄炎培专门写了《怎样办职业教育——敬告创办和改办职业教育机关者》一文。此前，在4月2日，有鉴于大部分青年趋于中学，加之办理中学较易，无论是官方还是私人，竞办中学。相应地，因为办理职业学校须有充足、完善的设备，学生方有实习的机会，较之办理普通中学要困难得多，由此造成当时中学众多，职业学校数量较少，且多办理不善，有鉴于此，教育部乃"训令"各省市，从该年度起：普通中学过多而职业学校过少者，应暂不添办高中普通科及初中，而酌量情形添办初级农、工科职业学校，各县立中学也应逐渐改组为职业学校或乡村师范学校；各普通中学应一律添设职业科或附设职业科；各新设职业学校或中学附设的职业科，应宽筹经费，充实设备，切实养成学生的劳动习惯及生产技能，并增加经费扩充旧有的各级职业学校；"各县市及私人呈请设立普通中学者，应分别督促或劝令改办农工等科职业学校，惟该县市距离省立中学地点确系过远，经核明实有必要时，亦得酌准设立"；各省市应遵照上列纲领"参酌地方情形，拟具实施办法"，迅速"呈报到部，以凭审核"。[1]

在教育部的这一"训令"颁布后，各地在停办普通中学、增办职业学校的过程中，不时致函职教社，相询办理职业学校的经验与办法。黄炎培的《怎样办职业教育——敬告创办和改办职业教育机关者》，实际上就是对这些信函的回复。在这篇刊于《教育与职业》1931年8月第127期上的文章中，黄炎培首先认为，职业教育的目标是给予人一种"实际上服务的知能"，在这种"知能"掌握后，必须去实地应用，将实验业已有效的传授给人，并"要养成他们适于这种生活的习惯"；接着，黄炎培根据教育部"训令"中的内容，就"怎样办高、初级农科职业学校"、"怎样办高、初级工科职业学校"、"普通中学怎样添设职业科目或附设职业科"、"普通中学怎样逐渐改组为职业学校"以及

---

[1]《教部极力提倡职业教育》，载《东省特别区教育行政周刊》第2卷第16号，1931年4月。

"怎样办乡村师范学校"，——作了解答；最后，黄炎培又对怎样办商科职业学校、家事学校和职业补习教育作了较为详细的说明。

8月1日至2日，黄炎培赴镇江参加第九届全国职业教育讨论会。在1日的"省政府招待聚餐宴会"上，他发表演说，主张文化教育和职业教育合作，认为二者不但不冲突，且能合为一炉，并写了《不要白开了会——敬告到会的行政方面社会方面诸领袖及职教界诸同志》一文，刊于《新江苏日报》上，建议商会、农会应和教育部门联络，中央及各级政府、各部（厅局）和同级的供求人才机关，以及教育部、教育厅、教育局之间也应联合起来。在2日的闭幕式上，黄炎培希望献身于职业教育的同志：其一，要坚持不违需要的原则，向着需要的途上走；其二，不仅要有知识和学术，还要有实在的真精神，因为"恳切的精神，是驾于知识和学术之上"的；其三，要有强健的体格，因为"强国必先强种，强种必先强身"；此外，还要讲求人格修养。[1]

---

[1]潘畏三：《这次全国职业教育讨论会》，载《安徽教育》第2卷第8期，1931年8月。

六　从"职教救国"到投身国难

1933年7月中华职业教育社第十三届年会。前排右八为黄炎培。

朝鲜、日本之行与《黄海环游记》

1. 朝鲜、日本之行

为了更明确地了解东北的职业教育，并借鉴朝鲜、日本的教育，1931年3月19日，黄炎培和江恒源、潘文安赴东北考察职业教育；4月2日，他们又赴朝鲜考察。在朝鲜，当黄炎培看到当时被日本侵占的朝鲜，人民生活在水深火热之中，不禁深深同情他们的遭遇。之后，4月6日，黄炎培一行又到东京，对日本进行考察，一直到24日回抵上海。这次东北、朝鲜和日本之行的经过，黄炎培将之整理成《黄海环游记》一书。

在《黄海环游记》中，黄炎培用较大篇幅就自己对朝、日职业教育的考察经过及两国职业教育的发展作了叙述和说明。在回国后，黄炎培还在不同场合、利用不同机会介绍日本对职业教育的重视和发展情况，号召国人对之进行借鉴。4月25日，即回国后第二天，黄炎培就在职教社春季评议会上，和江恒源、潘文安二人一同报告了此次考察东北、朝鲜和日本的经过。在报告中，黄炎培特别对日本重视职业教育和职业指导的举措作了详尽的介绍。

6月，《教育与职业》特辟第126期为"考察日本职业教育专号"，"专号"除刊登了考察团成员江恒源的《日本职业学校》《日本女子职业教育》《日本职业补习教育》《日本职业教育概况》和潘文安的《日本职业指导概况》等文章外，还刊登了黄炎培的《报告调查日本教育状况以前的几句话》和《日本农村改良事业——碧海一瞥》等文。

2. 对日本侵华野心的预见

朝鲜、日本之行，虽使黄炎培对冀职业教育促进国家发展更抱巨大的信心，但是，也更让黄炎培看到了日本军国主义的侵华野心。

其实，早在1927年11月黄炎培从朝鲜考察金融组团回国后，就开始撰写《朝鲜》一书，并于1928年3月完成。书成不久后的5月3日，国内"济南惨案"发生，黄炎培益感该书"有贡献于吾国人之必要"，最后，《朝鲜》一书于1929年9月由上海商务印书馆出版。而此前的1928年5月31日，在为该书写的"开卷语"中，黄炎培这样说道："日本对大陆之野心，至神功皇后而一现，至丰臣秀吉而再现，而皆取道朝鲜。明治初年，征韩论蜂起。末年大功始成，而日人不以为成功也，志不尽在朝鲜也。一九一四年，乘欧战之机，攫取德所占青岛、胶济而有之，志不限于青岛、胶济也。水尽渤海，陆尽满洲、蒙古，骎骎乎且并黄河流域而括诸囊中，狠矣哉；山东其外缘也，朝鲜则其起点也。故诚欲研究日本大陆侵略史者，不可不首研究朝鲜……莫问彼欲朝鲜我否，且自审我视朝鲜何如；则朝鲜诚

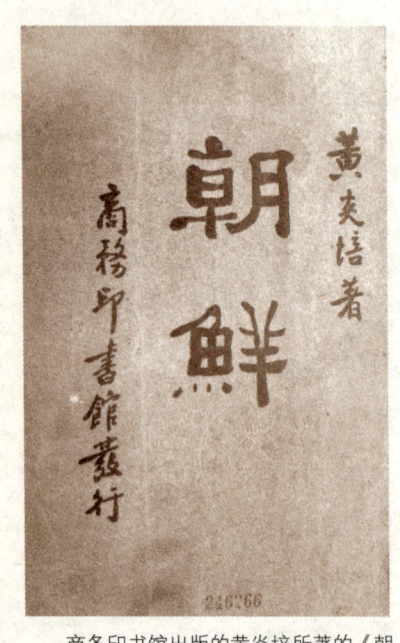

商务印书馆出版的黄炎培所著的《朝鲜》一书的封面。

我之宝镜也。更观彼所施于朝鲜者何如，所施于朝鲜人者又何如；则今日之朝鲜，尤今日之我之宝镜也。"[1]

可见，对于日本的侵华野心，黄炎培早有意识。此次，他虽为考察日本职业教育，但是，却敏锐地意识到日本正在加紧侵华的步伐。在回国途中，黄炎培就闻得日本将要对中国出兵，计划先用五百艘潜水艇，封锁台湾、琉球、日本、朝鲜间的海面，以遏制美国舰队的东来，之后，将用四个师团和四艘内河兵舰封锁海州，进取徐州，截断津浦路，再进取郑州，截断平汉路；并分兵出击苏俄，"取我资源，做他们军事的后援"；由于日本预料苏俄第一期仅可出兵四十万，所以，他们决定正式对中国开战时，第一期即出兵三百万，以速战速决。

3.《黄海环游记》

从朝鲜和日本回国后，黄炎培很快将考察经过整理成《黄海环游记》，于1931年5月脱稿，自5月13日至6月13日在《申报》上连载。使黄炎培始料未及的是，这些文字"竟掀起空前壮阔的波澜，滴下无数读者热烈的同情血泪"。[2] 在《黄海环游记》中，黄炎培用极其生动犀利的文笔和通俗而极其得体的体裁，记述了他在日本的观察所得和日本处心积虑以谋取中国的险恶用心。

1932年1月，《黄海环游记》由上海生活书店出版。在书中，黄炎培说，虽然日本重视职业教育，甚至"几乎有全国教育职业化的趋势"，但背后却有着深刻的目的：如用政府的力量在各地办青年团，着重体格训练、人格训练和

---

[1]黄炎培：《朝鲜》，上海商务印书馆1929年版，"开卷语"。
[2]黄炎培：《黄海环游记》，上海生活书店1932年版，"初序"。

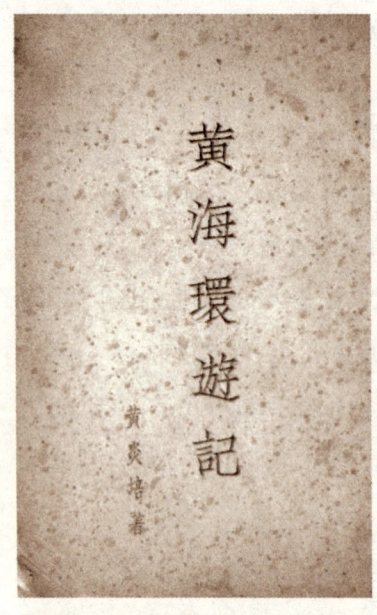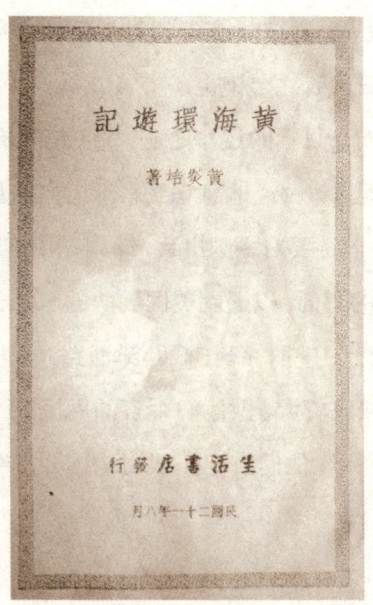

1932年，由上海生活书店出版的《黄海环游记》封面。

职业训练，无疑是为其军国主义服务的。他还说，在日本，有一个一致的趋向，就是向外发展，而向外发展的方向，就是"除掉吾们中国"；且目标不只是以前的满、蒙，而是"黄河以北全是他们馋涎所及"。所以，中国必须全国上下认真计划，"怎样才能从重围里杀出一条血路来"。为此，黄炎培提出，首先，要打倒恐慌、消极和听天由命的心理；其次，要坚信，中国决不是不可为的国家，中国是绝不会亡的。而要不做亡国奴，第一要将体格练好，这乃是一切的根本；第二要坚决信仰科学、提倡科学、研究科学，通过此，寻找一条国家和民族死里求生的出路；第三要团结起来，并从"本位上努力进取"。[1]

其实早在1931年4月黄炎培从日本回到国内后，当得知沈阳、济南等地的日侨已经大结合了，日本向欧美市场收买了大量汽油，"海州发见日人秘密

---

[1]黄炎培：《黄海环游记》，上海生活书店1932年版，第73～83页。

测绘海口形势了"等消息，毅然于5月29日去见蒋介石，蒋介石则让他去找外交部长王正廷。几天后，当黄炎培见到王正廷，想不到当自己将对日本侵华野心的预见坦诚相告后，这个外交部长却对黄炎培"大笑"说："如果黄任之知道日本要打我，日本还不打我哩！如果日本真要打我，黄任之不会知道的。"[1]

黄炎培和王正廷是老相识了。早在1917年5月，时为参议院副议长的王正廷，曾和黄炎培等一起发起成立了中华职业教育社。职教社成立后，王正廷曾在《中华教育界》第6卷第5期上发表《论举办职业教育为当今之急务》等文章。但是，此时，这个一贯倡导、支持职业教育的外交部长，对外来侵略却缺乏必要的警觉！

事实也正如黄炎培所预见的一样。9月18日，日本在沈阳制造了"九一八"事变，紧接着，沈阳、长春等城市失陷。这使黄炎培认识到："在我们中国这样一个政治上、经济上受着种种枷锁的国家，所谓社会问题的解决，必须统一于国家民族的解放。"因此，他开始积极投入到抗战救国的活动之中，相应地，对职业教育的地位和作用也开始进行重新审视和界定。

王正廷。

---

[1] 黄炎培：《八十年来——黄炎培自述》，文汇出版社2000年版，第133页。

投身、宣传抗日救亡

马相伯。

唐文治。

"九一八"事变后,面对民族危亡的客观现实,全国各地、各阶层的抗日情绪十分高涨,各种救国会、国难会、救国联合会、国难救济会纷纷成立。和全国各地一样,在江苏,1931年9月26日,黄炎培和江恒源、杨卫玉等联络上海各界爱国人士计35人,商议组织了抗日救国联合会;翌日,他又和江恒源连夜乘车赶赴南京,以抗日救国联合会代表的名义,面见蒋介石,要求蒋介石出兵抗日。

12月3日,黄炎培和马相伯、张一麟、王清穆、唐文治、沈恩孚、穆藕初、冷遹等组织"江苏省国难救济会",他们发表《成立宣言》:"寇深矣,祸急矣,国民披发缨冠,剑及履及,以赴国难,义无可辞矣。……天下兴亡,匹夫匹妇,皆与有责,同人等爱就江苏发起本会,非限一隅,请自隗始。国难弭平之日,即本会解散之时,人同此心,心同此理。愿我在苏民众,无老无少,无男无女,一致参加,共图救济。"同时,他们还致南京国民党中央党部、国民政府外交部及汪精卫、胡汉民暨全国父老兄弟姐妹:"宜团结一致,共赴国难,而救危亡。民国存亡,胥在于此。"[1] 12月25日,黄炎培和穆藕初、沈恩孚、马相伯、蒋维乔等20余人又召开江苏省国难救济会理事会,商讨救国方策。1932年1月13日,

[1]《苏省昨成立国难救济会》,载1931年12月4日《申报》。

又联合熊希龄、马相伯、章太炎等60余人，通电全国及蒋介石、汪精卫等，要求"联合全民总动员，收复失地"。

日本侵略中国的气焰十分嚣张，扬言要三个月灭亡中国。1932年1月28日，日军由租界向闸北中国守军发动突然进攻，驻守上海的十九路军在总指挥蒋光鼐、军长蔡廷锴的指挥下，奋起抵抗。为了支援十九路军进行淞沪抗战，黄炎培和史量才、杜月笙等人于1月31日发起组织成立了"上海市民地方维持会"，史量才为会长，黄炎培任秘书长，负责日常事务工作。2月中旬，黄炎培又和马相伯、唐文治、王清穆、张一麐、沈恩孚、穆藕初、袁希洛、贾丰臻、冷遹、杨卫玉、江恒源等29人联合发表《江苏省国难救济会宣言》，号召全国人民对日"武力抵抗"，"经济绝交"，并"节费输饷"，"认清敌人"。3月5日，鉴于国民政府宣布将要召开的国难会议议题只限于"御侮""绥靖""救灾"等，已经被确定为会议代表的黄炎培，和其他64位在沪国难会议代表，联合

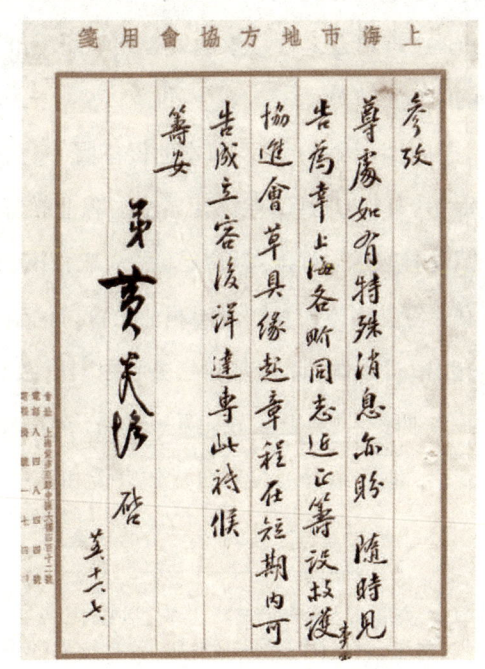

黄炎培手迹。

致电政府, 明确宣布 "与其徒劳往返, 无补艰危, 不如谢绝征车, 稍明素志"。
5月5日, 国民党政府与日本签订屈辱的《淞沪停战协定》后, 黄炎培既痛心,
更愤慨! 他不仅参加了上海各界于5月27日召开的追悼 "一·二八" 淞沪抗战阵
亡将士大会, 作《追悼 "一·二八" 淞沪抗日阵亡将士二首》; 而且在6月5日, 写
下了《吊吴淞》诗一首, 表达了对淞沪抗战中阵亡将士的深深哀悼。6月7日,
黄炎培等又将上海市民地方维持会改组为上海市地方协会, 继续发动上海各
界支援抗战前线。7月后, 他又多次北上, 会同平津人士, 组织地方协会, 援助
东北义军抗敌; 并组织东北热河后援会。

在投身抗日救亡的同时, 黄炎培还积极开展抗日救国的宣传。

1931年11月23日, 黄炎培在大夏大学演讲《国难声中国人应有之反省》;
12月8日, 又在光华大学附中演讲《抗日救国问题》。1932年7月1日, 在为再版
的《黄海环游记》一书所作的 "序" 中, 更言道: "起来看看山河破碎到什么
地步? 寇氛深入到什么地步? ……哀我中华, 难道吾政府永远无准备、不抵
抗吗? 难道吾老百姓永远安心让政府无准备、不抵抗吗? 这时候不是写文章
的时候了。" [1]

此外, 因为预见到日本的侵华野心, 黄炎培便积极号召国人反对、抵制日
货。1931年8月2日, 在第九届全国职业教育讨论会召开期间, 黄炎培出席了由
镇江县政府、商会、教育局、民众教育馆、镇江中学、女子职业学校、蚕桑改
良会等九团体为参加全国职业教育讨论会成员举行的欢迎宴会。他在宴会上
提出, 提倡国货, 应从自己决心用国货做起。黄炎培的号召受到与会代表的
一致拥护, "全场空气, 顿呈激昂, 爱国热忱, 从而表现"。[2] "九一八" 事
变后, 他继续开展反对日货的宣传和斗争。1931年11月2日, 职教社和上海其

[1] 黄炎培:《黄海环游记》, 上海生活书店1932年版, "再序"。
[2] 潘畏三:《这次全国职业教育讨论会》, 载《安徽教育》第2卷第8期, 1931年8月。

他社团在中华职业学校举行"不用日货宣誓大会",两千余人与会,黄炎培在会上发表了慷慨激昂的演说。

创办《救国通讯》

"九一八"事变后,许多爱国人士特别是一些青年学生,纷纷投函职教社,询问大局状况和救国方法。起初,职教社一一写信答复,但是,后来他们发现,这一办法不仅麻烦,而且效果不佳。于是,职教社同人会商后,决定创办一份杂志,通过刊登国难的消息,作为救国的重要形式。杂志定名《救国通讯》,黄炎培亲自担任发行人。1931年12月23日,《救国通讯》正式发行,初为不定期刊,不收费。

《救国通讯》本身即是一份因国难、为国难而生的杂志。杂志社同人"以救国为职志,以全民抗战为途径,同时却深深感觉到个人修养,实为抗战必胜、建国必成的中心基础条件",于是,从创刊起,即揭橥四种根本修养:"高尚纯洁的人格"、"博爱互助的精神"、"侠义勇敢的气概"、"刻苦耐劳的习惯"。[1]在黄炎培看来,如果没有这四种品格,就不配救国,即使救也救不了。不仅如此,黄炎培还专门对此进行解释。他说,理想的国家,必须有铁的纪律,而这,就需要每个人有金一样的人格,要救国,就应该保持自己金一般的人格;而一个人如果爱自己,也必然会爱国;因为"博爱是体,互助是用",所以,救国效能的多少有无,全要看博爱互助这种精神的消长;在国难当头的今天,每个人都应将国家和民族置于最急迫的需要,在民族危急时,为国

[1] 从1940年4月《国讯》第232期起,又加上"正确进步的思想"一条。

家、民族而将自己的生死置之度外，"这才是天下古今最高、最大的侠义"；强敌当前，欲保国家、民族的命运，要救国，就不应希求安乐，况且，救国必须联合广大的民众，只有自己耐劳刻苦，才能唤起大多数民众的同情。

《救国通讯》发行后，鉴于"索阅的人一天多一天，读者对它的希望也一天殷切一天"，于是，1934年1月10日，从第61号起，改名《国讯》，由不定期刊改为半月刊，略收刊费。1935年1月11日，自84号起，又改为旬刊（但期间也会20天出一期），"每期印发骤增至一万二千余分之多，风行遍海内外，如暹罗一埠，直接订阅者几及两千"。[1]

《国讯》在《救国通讯》的基础上，继续揭示《救国通讯》所提出的四项信条。作为救国杂志，它以唤起民众、倡导团结御侮为指导方针，致力于报导国难的消息，刊登有关救国运动的文字，由于记载翔实，言论公正，深得社会

《救国通讯》上刊登的中华职业教育社关于救国工作的文件。

---

[1] 黄炎培：《复刊词》，载《国讯》第179期，1938年8月。

赞誉。和其他的爱国者一样，黄炎培也以《救国通讯》和《国讯》为阵地，在上面发表了不少有关救国的文章。据统计，至1935年，黄炎培在《救国通讯》和《国讯》上公开发表的救国文章主要有：《为什么救国要有高尚纯洁的人格》（第3号）、《为什么救国要有博爱互助的精神？》（第4号）、《"国货"与"国人"》（第35号）、《我们救国该什么样修养？》（第61号）、《精神救国》（第68号）、《华北当前的危机》（第71号）、《慰谢妇女国货年策勉学生国货年》（"学生国货年临时特刊"）等等。

《国讯》封面。

《华北当前的危机》是1934年5月26日黄炎培在上海青年会所作的演说。在该演说中，黄炎培说，自去年下半年，日本对华侵略变本加厉，以前是军事侵略，而现在，则以经济侵略为先锋，以武力侵略为后盾；华北的危机从前是急性的，而现在，则是表面上为慢性，但随时可以变为急性；日本的眼光和目的，不单是华北、华南，而是"独吞中国"；日本的野心是没有止境的，是要"将整个的东亚置在他们霸权之下"，所以，我们必须锻炼体格，化私为公，加强精神团结，开展生产整饬，努力工作，提高生产力，以增进生产。《慰谢妇女国货年策勉学生国货年》作于1934年12月26日，于1935年1月1日发表在《国讯》"学生国货年临时特刊"上。黄炎培在该文中说："提倡国货，不单是发于抵抗强暴一时的情感,直是从学理上确认为复兴民国不二法门。"

此外,黄炎培还在《救国通讯》《国讯》上发表了多首救国的诗篇。如1933年2月22日发表在第39号上的《癸酉一月北行杂感》中写道:"十万健儿拼一死,单衣裹雪上征程;……不爱身家惟爱国,诸君何以答忠诚?"该诗对前线的战士保家卫国的精神和行为给予了高度赞扬。1935年2月21日在第87号上发表《学生国货年歌》二首,其中一首写道:"学生乎!学生乎!而忘九一八之炮声乎?吸吾之精,割吾之肉。兴乎!亡乎!在吾人之自觉。真自觉乎!不用干戈而已足。吾衣谁制乎?我勤我织;吾田谁耕乎?我力我稿;吾物谁运乎?我行我舶。学生!学生!一人传十,十人传百。行此策,得!得!得!"[1]

黄炎培的这些文字,虽内容不同,形式不一,但它们却无不反映了黄炎培的忧国忧民之心和强烈的救亡爱国之情。事实上,此后,黄炎培一直极力关注着时局的发展。

然而,1937年8月13日"淞沪会战"爆发,11月12日上海市区沦陷。12月,迫于环境,《国讯》暂告停刊。

职业教育与抗战救国的结合

在1931年至1935年间,虽然黄炎培积极投身国难,但是他仍积极参与有关职业教育的舆论宣传、理论探讨和实践活动。只是和此前不同的是,此时,在黄炎培心中,"职教救国"已经有了新的、更为丰富的内涵,这就是,职业教育必须与抗日救亡紧密结合起来。因为,"抗战救国为目前唯一的任务"!

---

[1] 黄炎培:《学生国货年歌》,载《国讯》第87号,1935年2月。

1933年5月1日, 黄炎培在为中华职业学校十五周年纪念所写的《职业教育该怎么样办》中说:

> 到如今, 内忧外患, 重重叠叠, 河山已破碎到不堪了。人民求生不能, 求死不得, 吾中华国族的运命, 真所谓"不绝如线"。吾们还在这里举行中华职业学校十五周年纪念, 一提到"中华"两字, 惟有痛心。
>
> 痛心! 痛心! 痛死有什么用处? 还是大家起来死里求生地干。吾同学诸君, 无论已毕业、未毕业, 人人须勉为一个复兴国家的新国民, 人格好, 体格好; 人人有一种专长, 为社会、国家效用。[1]

1933年7月9日, 中华职业教育社第十三届社员大会暨第十一届全国职业教育讨论会在河南大学大礼堂开幕。黄炎培和顾树森、江恒源、齐性一、蔡元培为主席团成员。在会上, 黄炎培不仅致词强调职业教育与各机关的关系, 主张加强职业教育和其他社会团体的联络, 而且号召大家必须参加农村实际工作, 以求农村生活之改良。大会议决通过了黄炎培和江恒源、杨卫玉的临时提议"职教社愿依河南省当局之指定, 与河南省当局合作试办职业教育、职业补习教育、农村改进或职业指导等工作案"。此外, 在会议期间, 黄炎培还和江恒源、顾树森等143人致电教育部部长王世杰:"本社确切认定非提倡职业教育, 无以救社会之穷, 更无以完教育之命, 十余年来……亦既竭尽鼓吹之能事, 究竟收效几何, 殊难详为估计。"故请教育部通令全国:"切实说明生产教育之重要, 劳作教育之价值……总期设校授学壹以增加国富为归。"[2]

---

[1] 黄炎培:《职业教育该怎么样办》, 见田正平、李笑贤编:《黄炎培教育论著选》, 人民教育出版社1993年版, 第269页。
[2] 黄炎培等:《致教育部电》, 载《教育与职业》第147期, 1933年8月。

1934年2月24日，在上海浦东高桥海滨饭店召开的第八次专家会议，是职教社一次十分重要的会议。因为如果说在此前，职教社同人所倡导实践的职业教育与抗战救国仅仅是初步结合的话，那么，从这次会议始，职业教育与抗战救国已经得以彻底地结合。此次会议后，黄炎培执笔于3月26日写就《中华职业教育社宣言》，并在4月以"中华职业教育社"的名义发表。《宣言》指出：十多年来，民生日益困窘，实业日益衰落，失业者日益增多，学校教育日益彷徨无措；而近来强敌入侵，国土沦亡，"举国人民，蒙空前之奇耻大辱而未由振拔"。基此，黄炎培提出"立国之道，首在民心，次为民力"，职业教育的实施，要以"自治治人、自养养群、自卫卫国"为原则，并组织"民族复兴教育设计委员会"，联合各方力量，群策群力，全体动员，方能完成救国大业。7月13日，在职教社第十四届社员大会暨第十二届全国职业教育讨论会开幕式上，黄炎培在致词中再次强调："今后职业教育发展的路向与程度，须视我们与政府的合作，以及今后努力的情形而决定。"

1935年2月9日，职教社第九次专家会议在上海举行。蔡元培、黄炎培、江恒源、刘湛恩、杨卫玉、俞庆棠等43人出席，讨论的中心问题是"复兴民族目标下青年职业训练"，会议最终通过了《复兴民族目标下之青年职业训练具体方案》，其中言曰：

年来同人懔于国难之严重，民族之衰弱，内受良心之驱策，外应社会之需求，势乃不能不放开眼光，扩大范围，转动方向，冀以职业教育一部分工作，加入整个的救国工作之中，俾对于目前国家民族，可以有较大的贡献。……今者国势如此，民族前途，已显呈莫大危机，我中华民国、全体国民，处此情况之下，所有意念及行为，舍集中于救亡图存一点，实无由自拔。是以锻炼体格，努力生产，加紧团结，明耻教战，提起爱国精神，发扬民族情感，皆为当务之急。教育既负作人任务，且应以此为中心。……

1934年2月中华职业教育社第八次专家会议。第三排右三为黄炎培。

　　基此理由，同人乃确切认定今后职业教育之设施方针，必以训练学生生产能力与发扬学生民族精神（养成保卫民族能力亦包括于其中）为两大骨干。并使此两者能互相联络，互相沟通，俾一般学子，彻底了解，增加生产能力，非为个人乃为国家，庶几出校以后，工作多加一分努力，即民族经济多受一分利益，而此特殊之增加，实纯出爱国的热念。[1]

　　7月19至21日，黄炎培又在青岛参加职教社第十五届社员大会暨第十三届全国职业教育讨论会，此次会议到会社员和各职业教育机关代表208人。在开幕式上，黄炎培提出，希望今后要用新精神来实行职业教育和复兴中华民

---

[1]《复兴民族目标下之青年职业训练具体方案》，载《教育与职业》第163期，1935年3月。

1935年10月间的黄炎培。

族，而所谓新精神就是：对己刻苦奋斗，不怕劳苦；对群则精神团结；对事则一丝不苟，始终如一。大会议决议案38件，并议定五大准则作为今后全社会同人实施职业教育、提倡职业教育的指针。其中，不仅主张"职业学校教育、职业补习教育、职业指导"三方面应同时并重；要求"已成立之职业学校，须加紧充实内容，宽筹毕业生出路"；在整个农村改进计划下，切实施行农业教育，注重生产教育，随时随地普及农事指导，训练农业技术，多设短期讲习会训练班；对于女子家事教育，应积极研究、提倡；还特别提出："培养国民爱国情感，练习青年服务知能，在施行职业教育时须特别注重，希望此种公民训练的积极精神能渗透于一切职教机关，认定被教的青年，非具有公民道德，不能完成职教使命。"[1] 此后，黄炎培更紧密地将职业教育与抗战救国结合起来。

四川之行：为国难呼喊

1936年1月29日，应民生公司总经理卢作孚之邀，黄炎培乘民生公司"民贵轮"离开上海，至四川考察。一直到4月29日乘船离开四川，5月9日回到上海，在川计三个月。

在三个月的考察期间，黄炎培虽见四川物质之富、精

---

[1]补斋：《中华职业教育社年会》，载《国讯》第102期，1935年8月。

神之美，但让他感触最深的还是人民生活之"惨"。在此国难日重的时期，如何让五千余万四川民众生活富足，黄炎培对此十分忧心。因此，在应各地所作的讲演中，他对民众，希望鼓舞他们的信心！对军人，希望他们为民族而战斗！对学生，希望他们为国难而努力！

　　据不完全统计，在川期间，黄炎培所作的讲演主要有：2月27日，在成都，为县政人员训练所讲《如何唤起民众》，在华西大学讲《今后学生的新使命》；2月29日，在四川大学文学院讲《今后教育者的新使命》，于四川省党部由省教育厅召集讲《吾们怎样踏进社会的门》；3月1日，在中央陆军军官学校成都分校讲《团结、生产与国防》；3月4日，应四川大学校长任鸿隽之邀，在川大讲《大四川的青年》；3月9日，在剑阁县为干部训练班、各学校教员、学生及各机关职员2000余人讲《国民与人格》；3月10日，在绵阳县，为大中小学学生、军官及干部训练班1500余人讲《团结、生产与国防》；3月14日，在重庆青年会讲《谁的四川》；3月17日，在重庆为各中学、师范学生讲《长江的前途》，在私立通惠中学讲《国难中之职业教育》，于重庆国货介绍所对国货界同人讲《国货提倡之重要性与其必要途径》；3月24日，在自贡自流井为各校男女学生和民众2000余人讲《自贡前途在团结生产与国防》；3月25日，在内江沱江广场为内江私立沱江中学、县立初中、县立乡师学生及民众千余人讲《身体练得好，团结起来，注重科学生产》；等等。

　　这些讲演，多号召拯救国难。如在3月4日所作的《大四川的青年》的讲演中，黄炎培强调时下的大学生负有研究机

卢作孚。

任鸿隽。

械学、化学等国防所需要的科学的任务, 而川大的学生, 则还负有研究西南边疆夷务、界务诸问题的使命; 在《谁的四川》的讲演中, 黄炎培与前来听讲的千余名民众说, 过去的四川是军人的四川、土匪的四川, 那么, 未来的四川是谁的四川呢? 如果日本人从长江来, 那就变成了日本的四川; 若是英国人从西藏来, 那就变成了英国的四川。他激昂地说, 我们要将四川确实造成中华民国的四川, 那就必须不仅将四川确认为五千万民众的四川, 而且确认为中华四万万民众的四川, 而这, 就要求大家首先必须切实负起责任, "人人认为是我的四川"。

除此之外, 在川期间, 黄炎培还和各界人士畅谈国难, 探讨挽救民族危亡之方。如从3月5日起, 他连续三天与川大青年学生谈话, 涉及 "中日战祸爆发以后的经济状态"、"中国民族复兴问题"、"国难中学生工作问题"、"吾人如何参与政治"、"日本绝对不能亡中国的认识" 等, 并认为, 中国乡村建设的障碍, 其最大原因, 就是帝国主义的侵略。

4月, 在离开四川之前, 黄炎培于成都写了万言的《留告四川青年同学书》, 交成都新闻编译社分送各报发表, 并授权成都开明书店印行单行本, 分送有关机关和人士。在这本于是年该月出版的薄册子中, 黄炎培主要回答了青年三个问题: "(一) 国难严迫到这般地步, 想到我国家民族前途究竟怎样才能回复吾们的光荣? 维持吾们的生命? (二) 历年兵灾匪祸, 同胞痛苦到这般地步, 吾们该怎样来挽救? (三) 回想我们青年自身, 国家社会正在需要人才, 但吾们的出路究竟在哪里?" [1]

5月16日, 回到上海的第八天, 黄炎培即在中华职业学校成立十八周年纪念会上发表演讲。演讲中, 他回顾了中华职业学校过去艰难的历程, 和此次考察四川的经过、感想, 并从四个方面向同学们提出了希望: 一是希望同学

---

[1] 黄炎培:《留告四川青年同学书》, 成都开明书店1936年版, 第2页。

们不但要运用头脑，还有运用两手，因为中华职业学校"训练学生的目的"，是重在"养成学生精密的头脑"。其次，"扩大同情心，培养热烈的情绪"，希望同学们如有一分余力，就应该帮助他人，这样民族才可生存。第三，"将来出去做事，要随处谨慎"，"男女同学都要以品格为重"，因为"无论做什么事情，要得到人家的好评，概括地分析起来，不但要学问好，技能好，办事有能力，有本领，并且还要身体健康，能够吃苦耐劳"，所以，"希望全体的同学，人人要有君子的品格，那么才可以救我们的国家和民族"。第四，"养成吃苦的习惯"。[1]此后，黄炎培将关于这次四川之行的经过，及写下的一系列见闻性的游记在《国讯》上连载。1936年8月，又将之结集取名《蜀道》，由上海开明书店出版，其中并附有自己所写的《留告四川青年同学书》和《改造新四川管见》，以及所作的《蜀游百绝句》。

四川之行，虽使得黄炎培得见象池之月、金顶之云、锦城之花、金堤之水和夔门、三峡、峨眉、剑阁的奇险雄秀，得温新旧朋友的浓厚之情，但对于广大的老百姓，黄炎培的所见所闻则只有一个字："惨！"特别是，这次四川之行，使他对国难有了更深的感触，对挽救国家危亡有了更为明确的认识。在上呈四川省政府主席刘湘及各厅长并上国民政府行政院院长蒋介石的《改造新四川管见》中，黄炎培深入分析了四川和全国的密切关系，其中，考虑到长江流域和陇海路东段会被敌封锁，香港、九龙和广州湾一带也会受敌威胁，他建议："最好由川湘展筑至贵阳，至昆明，则吾国西部才取得一海口，即由滇越路出海防。最好更由昆明西展至滇边，俾与滇缅路通，如此则又得一海口，即由滇缅路出仰光。"[2]此后的事实证明了这一点。当全面抗战爆发国民政府迁至重庆后，1938年8月底建成通车的滇缅公路曾经是中国重要的国

---

[1]《非常时期教育实施报告》，中华职业学校1936年编印。
[2]黄炎培：《改造新四川管见》，见黄炎培：《蜀道》，上海开明书店1936年版。

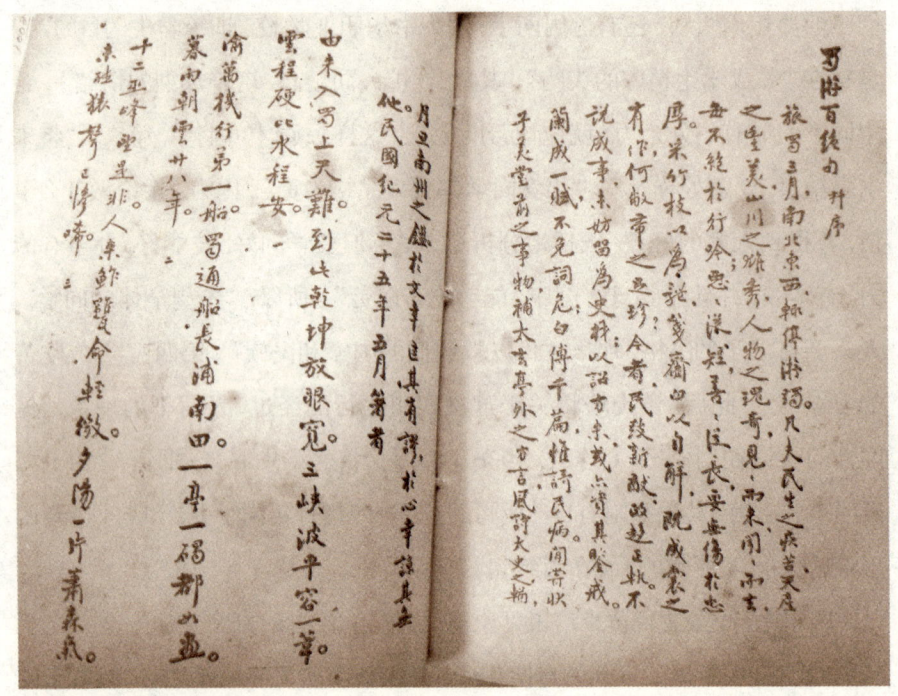

《蜀游百绝句》。

际交通孔道,为了保卫这一国际交通孔道的畅通,无数中华儿女血染战场。

《改造新四川管见》作于1936年4月,抗战还没有全面爆发,此时黄炎培即提出这一建议,无疑是十分有远见的。

七　为抗战救国努力

令年為中華復興時代之一成
今年是階段開始一年人二程场
生活加緊工作有約用世
進步應於隨着中都能度抗
戰勝建國以此是我X年祝
清僑民紀三二年元日
拾

1937年黄炎培（前排右）、王纠思（前排左）和他们的九个子女合影。

投身抗战

从四川回到上海后，黄炎培更加认识到国难的严重和严峻，他以更大的热情投入到轰轰烈烈的抗日救国运动之中。

1936年7月，黄炎培联合上海文化界王培孙、王云五、沈恩孚、蒋维乔、夏丏尊、穆藕初、俞颂华、潘文安、钱歌川、江恒源、刘湛恩、廖世承、胡敦复、杨卫玉、张雪澄等计25人致电蒋介石、阎锡山、李宗仁、白崇禧等人，要求"共同救亡"。电曰："国势阽危，人心忧愤，举国上下，舍共同救亡外，无其他目标。倘国未救而国力先自消耗，不惟减少自救之力，且转入自亡之途，事之痛心，孰逾于此！公等皆国家柱石，定倾扶危，全民族生存是赖，及此时机领导各方，一致御侮，则全国生气顿增，人人皆愿效死……迫乞俯念垂危国脉，认定惟一目标，熟筹当前利害，即日开诚协商，决定对外方针，并就可能，公告有众，用慰喁望，而释悲怀。"[1] 10月18日，他又联合褚辅成、穆藕初、沈恩孚等当时上海教育界、实业界著名人士，共214人，致国民政府主席林森和军事委员会委员长蒋介石等，向国民政府表达他们对日本侵略中国及其所包藏的亡我之祸心的"惶痛无极"的忧虑心情，这一名为《上海教育实业两界对时局之表示》的"迫切陈词"，于10月

---

[1]《上海教育界同人致南京蒋介石、冯焕章、太原阎百川、广州陈伯南、南宁李德隣、白健生诸先生电》，载《国讯》第135期，1936年7月。

黄炎培等致宋哲元电及复电。

21日刊于《国讯》第144期。在这一"迫切陈词"中，黄炎培提请政府对日本种种"越出国交常轨"的行为，要"一面迅提抗议，一面严令所属，苟有轨外行动，立以武力制止，遏未来之萌蘖，收已失之桑榆，万勿存投鼠忌器之心，贻噬脐莫及之悔"。[1]

1937年7月7日，"卢沟桥事变"爆发，日本开始全面侵略中国。7月10日，黄炎培和江恒源、杨卫玉、姚惠泉等联合致电宋哲元，对二十九军的抗敌行为

---

[1] 黄炎培等：《上海教育实业两界对时局之表示》，载《国讯》第144期，1936年10月。

给予敬佩和支持,并表达了自己的抗战决心。他们说,现在暴敌贪得无厌,得寸进尺,希望诸公奋勇抗敌,捍卫国土,我们将和全国广大民众一起,做你们的坚强后盾。此后,黄炎培更是以极大的热情投入到轰轰烈烈的抗日救国运动之中。

7月23日,上海市各界抗敌后援会成立,黄炎培任执委。在任执委期间,他领导浦东同乡会同人积极开展伤兵救护和难民救济等工作,使浦东同乡会会所成为当时上海抗日救亡的重要场所。8月11日,国民党中央政治会议决定设立"国防最高会议",作为全国国防的最高决策机关,下设"国防参议会"。作为政治咨询机构,由国防最高会议主席蒋介石、副主席汪精卫聘请"在野党派、社会人望和具有专长的人"担任国防参议会参议员。黄炎培和毛泽东、梁漱溟、张君劢、胡适、沈钧儒、傅斯年、晏阳初等16人被聘为首批参议员。

在积极投入抗战的活动中,针对抗战初期的具体形势,黄炎培不时地在各地发表演讲宣传抗战,并就自己对抗战的认识写下了不少文章,发表了诸多言论。如在《国讯》上,黄炎培发表了《我生第二戊寅年七月时对日抗战一周年矣》(第179期)等诗和《无忘今日"八一三"》(第180期)、《我合你一块儿走——抗战问答的结果》(第183期)等文;在《抗战半月刊》上发表《长期抗战中的后方工作》(第1卷第1、2号合刊)等文。透过这些文字,黄炎培表达了对敌侵略的无比愤慨之情,和力主抗战、反对分裂和投降的坚定决心。如在《长期抗战中的后方工作》中,他建议"每一单位皆须成立一中心组织";"对于轮舶车辆等交通器具,首须为适当之处置";"粮食及其他生活必需品,加以管理与调节";"肃清汉奸";"指导民众避难之方法与路线,筹划难民过境的给养";"尽力维护生产工作、文化事业";"集党政商学及地方民众为一体,努力执行上开种种及其他在非常时期必要的工作"。[1]而《无忘今

---

[1]黄炎培:《长期抗战中的后方工作》,载《抗战半月刊》第1卷第1、2号合刊,1937年10月。

日"八一三"》乃是黄炎培1938年8月13日在重庆纪念淞沪会战聚餐会上的讲演稿。此时，他从汉口来到重庆已二十余天，在作这篇文章时，想想仅仅一年，即国破家亡，黄炎培"不知淌下多少热泪"！[1]

虽然已经年届花甲，但面对民族危亡的残酷现实，黄炎培深感"国家兴亡，匹夫有责"！于是在1938年11月23日，他激情地作《重做人歌》诗"三章"，表达自己为挽救国难以尽绵薄之力的决心和抗战必胜的信念。诗曰：

六十年，过去了。努力无成成亦小，一切何足道！譬如前年死得早，国难来，重做人，今后做人不识劳苦和艰辛。我用一分精神都为国，我过一寸光阴全为民。民得再生国再造，我愿卖力卖到老。

六十年，过去了。虽曾苦干干得少，一切何足道！譬如去年死得巧，国难来，我复活，自吟自赏此病连根拔。我写诗歌都为民众发，我写文章都给民众阅。唤起民众血沸腾，抗战必胜国必兴。

六十年，过去了。区区贡献付一笑，一切何足道！譬如昨日死得好，国难来，死复生，与人一心来和顽敌拼。打开门户要入群众群，铲除崖岸要与平民平。烧得我心太阳一般热，照见我心明月一样明。"身非我有"记得此言否？从此我身献给民族，献给国家有。[2]

1938年12月，当抗日战争正在艰难进行时，汪精卫竟借机叛逃，发表"艳电"，公开投降日本，成为不齿于国家与民族的卖国贼。汪精卫汉奸集团叛国投敌、卖身求荣的罪恶行径一经披露，便立即遭到全国人民的声讨。1939年1月1日，国民党以"艳电""对国是妄作主张，危害党国"为由，决定永远开除

---

[1] 黄炎培：《无忘今日"八一三"·作者附记》，载《国讯》第180期，1938年8月。
[2] 黄炎培：《重做人歌》，载《国讯》第193期，1939年1月。

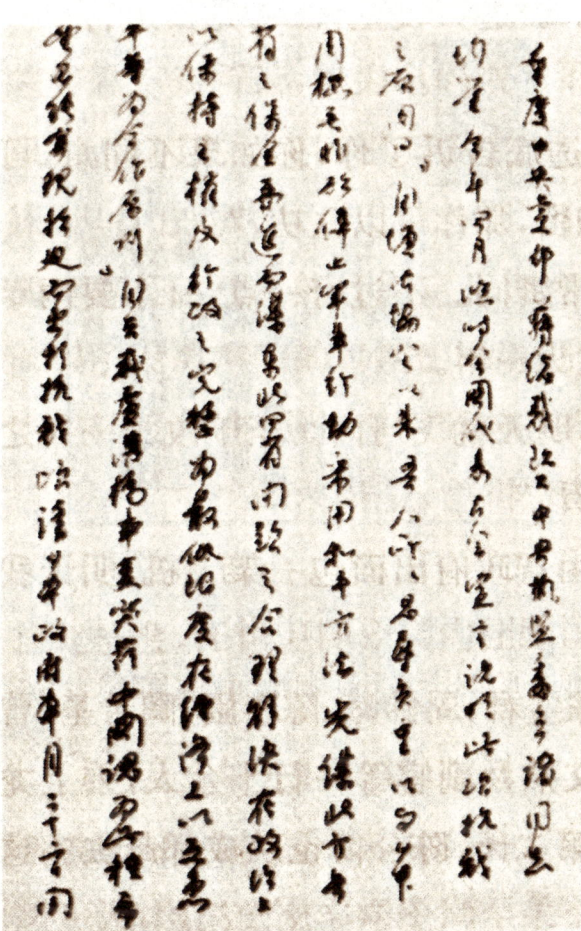

1938年12月汪精卫发表的《艳电》手迹局部。

汪精卫党籍，撤销其本兼各职。

　　和全国人民一样，黄炎培对汪精卫的无耻行径无比鄙视，义愤填膺。1月3日，由他起草并和张澜、梁漱溟、冷遹、江恒源联合发表《对汪精卫接受近卫声明之主张》，"对汪兆铭艳电曲解敌相近卫声明，主张接受，绝对反对。尤以其间中央提议之先，遽行向外宣传，一似有意破坏团结，大为诧异。惟愿吾全国同胞，认清利害，坚定意志，……同心戮力，不断地求进，增加抗战力

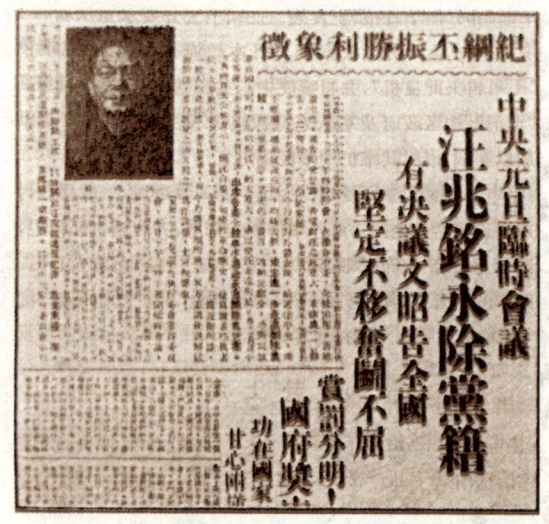

将汪精卫开除党籍的新闻报道。

量，争取最后胜利。"[1] 8月18日，他又和张澜、林虎、冷遹、江恒源联合发表通电，再次对汪精卫的倒行逆施进行抨击。

《国讯》复刊

1937年12月，《国讯》被迫暂时停刊。1938年8月13日，在停刊8个月后，《国讯》于"淞沪会战"一周年纪念日复刊，出版第179期。《国讯》复刊后，黄炎培长期主持它的编辑和出版工作，他以之为武器，极力关注、支持、号召、宣传抗战。

《国讯》在8月13日这一纪念日复刊，无疑意义深远。黄炎培专门写了《复

---

[1]《来件：义正词严的两电》，载《国讯》第211期，1939年9月。

刊词》，发表在第179期首页，并从本期起在《国讯》上不定期连载《抗战以来》长文。

在《复刊词》中，黄炎培说，《国讯》是一个"为国难而生，为国难而死，为国难而更生"的刊物，希望同人继续发挥纯洁的抗战建国的基本精神，以达到必胜、必成的最大目的。

《抗战以来》是黄炎培数年间以对抗战的所见、所闻、所感为内容所作的系列文字。正如黄炎培在该文开首所说："我于上海，有三十五年服务历史，故当淞沪开始抗战之初，组有上海抗敌后援会，我为其中之一员。上海市地方协会，亦以历史关系，在抗战期间，为地方主要团体之一，而我实其中一职员。那时候，我还参与南京关于某项集会，三个月间，往来京沪，至九次之多，中间，还奔走沪杭津浦。淞沪既陷，由南京而武汉，为视察地方动员状况，由鄂而湘，进及桂粤，折而北行淮徐间，从此南北东西，没有休息过一个月。其间所见所闻，所发生的感想，须得负起责任来，报告给国人知道。因此

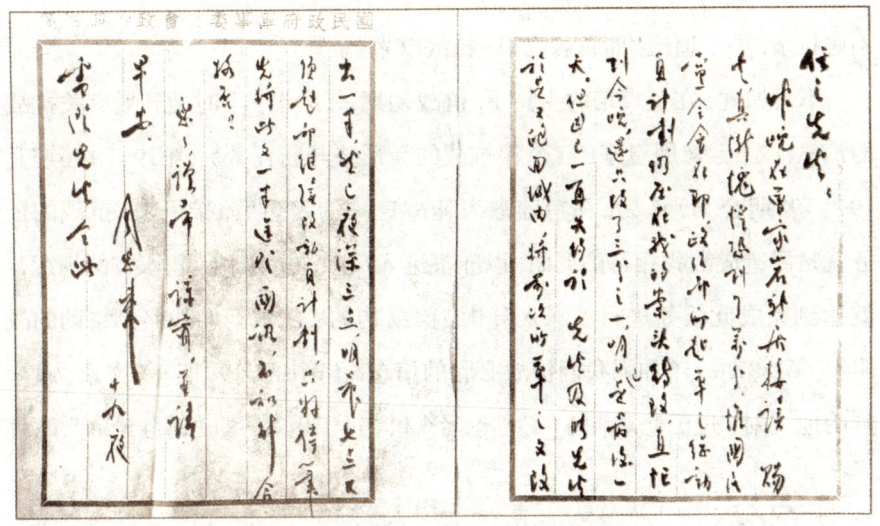

1939年，黄炎培写信请周恩来为《国讯》撰文，周恩来复信欣然同意。

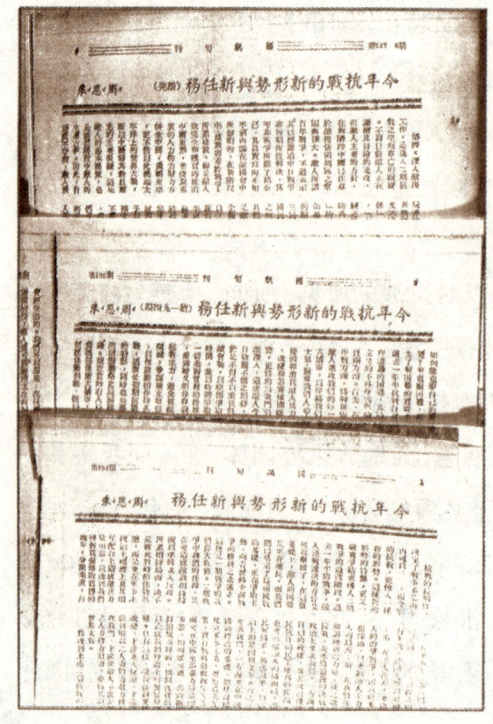

《国讯》所刊登的周恩来《今年
抗战的新形势与新任务》。

不避拉杂,一一追记,而总名之曰《抗战以来》。"[1]

不仅如此,在黄炎培的支持下,抗战初期,《国讯》不时地刊登有关抗战的消息、文论。像周恩来的《今年抗战的新形势与新任务》(第194、196期及197、198期合刊)认为,在粉碎敌人速战速决的妄想后,接下来,抗战的任务就是要造成敌我相持的局面,以准备进入反攻;并基于敌我双方的情况,就达到完成此任务进行了深入分析。穆藕初的《从被动的战略到自动的战略》(第188期)、《加强我们抗战必胜的信念》(第189、190期)等文章,旗帜鲜明地反对"过于悲观"的"必亡论者"和"过于乐观"的"速胜论者"两种

---

[1] 黄炎培:《抗战以来》,载《国讯》第179期,1938年8月。

倾向，从政治、经济等方面阐述持久抗战、抗战必胜的道理。而黄炎培也先后发表了《无忘今日"八一三"》（第180期）、《我合你一块儿走——抗战问答的结果》（第183期）、《怎样欢迎我二十九年抗战最后胜利》（第223期）、《抗战到四十个月时的新局势》（第253、254期合刊）等文，在表达对敌无比愤慨之情的同时，就坚持长期抗战提出了相关建议。

　　黄炎培之所以在抗战爆发后积极投身抗战，特别是以《国讯》为阵地进行抗战活动，无疑源于他坚定的爱国主义信念。这从1939年2月15日黄炎培在《国讯》第196期上所发表的名为《吾爱》的一首诗可资说明。诗曰：

> 吾爱！吾爱！爱吾中华天然美丽的家乡。
>
> 吾爱！吾爱！爱吾中华祖宗手辟的封疆。
>
> 吾爱！吾爱！爱吾中华——
>
> 地上农林兮，地下矿藏。
>
> 北起黑河兮，南尽西江。
>
> 妇有织兮蚕桑。
>
> 男有耕兮稻粱。
>
> 子弟有学兮聪且强。
>
> 国不幸而有难兮，与子偕行。
>
> 予打击者以打击兮，与汝偕亡。
>
> 以赤血卫国兮，与日星争光。
>
> 吾爱！吾爱！维我大仁大智大勇兮，
>
> 保我中华国命之绵长。[1]

---

[1] 黄炎培：《吾爱》，载《国讯》第196期，1939年2月。

不过，在抗战时期，黄炎培虽积极投身抗战救国的运动，但仍对职业教育怀着深深的情愫。因为在他看来，办《国讯》和实践职业教育并不矛盾。1944年5月，他在《我们为什么这样努力办〈国讯〉》中专门就此作了说明。他说，首先，教育的对象从广义上来说就是大众，是社会，所以办教育必须注意到综合性的生活和整个的社会，特别是职业教育，尤其要将生活作为中心。其次，由于职教社的旨趣就是使我们的国家和民族"走向神圣的光明"，所以，凡是有利于中华民族，凡是和职业教育不抵触且能够很好配合的，都要努力去做。第三，《国讯》倡导的五个信条，不仅是个人立身处世的金科玉律，也是"人群结合的基本原则"和"建国的重要条件"，人们只有具有这些修养功夫，才能谈救国，也才能救得了国；也只有对这些信条进行倡导、实行，我们的民族才有前途。总之，我们一方面主张民主，倡导宪政，另一方面，必须注重倡导个人修养，因为"教育与政治，本无划分之可能，办教育，办职业教育，更不能自外于政治"。[1]

劝募战时公债

国家建设需要经费，同样，抗战保家卫国也需要金钱。但由于长期战争，国民政府国库空虚，因此，国民政府决定通过募集救国公债的方式，增加抗战军费和有关建设费用。

为了使这项工作顺利地进行，1940年9月，国民政府开始筹备战时公债劝募委员会。翌年3月，战时公债劝募委员会正式成立，蒋介石任主任委员，委

---

[1] 黄炎培：《我们为什么这样努力办〈国讯〉》，载《国讯》第367期，1944年5月。

员会包括全部参政员、各省军政长官、驻外大使、各界领袖及海外侨领等，黄炎培任常务委员兼秘书长一职，具体驻会执行劝募事务。对于这一职务，黄炎培开始极为踌躇，但之后，他觉得这也是"站在社会立场为政府服务"，"实为一个国民对祖国效劳最好的方法"，乃受任。

此次所劝募的战时公债包括军需公债国币十二亿元（自1940年起），和建设金公债英金一千万镑、美金五千万元（自1941年起）。1941年3月为陪都劝募期，此后将在各省举行。在黄炎培看来，劝募公债的意义和作用非凡，物质方面自不待说，仅就精神方面，可以充分发挥全国民众为国家而团结抗战的精神，而这种精神，正是抗战必胜的根源。所以黄炎培说，"公债是水泥，有增进全国团结力的凝合作用"；"公债是雨露，有加速全国物力增长的滋培作用"；"公债是烈火，有加强全国民众爱国热诚的燃烧作用"。[1]基于以上认识，他提出，在劝募公债时，应特别注意三个方面："（一）有力出力，有钱出钱，劝募时虽着眼于有钱者，但同时必以广大民众做对象；（二）必着重一'劝'字，物质之有无多少可以不计，但必使人了解战时公债的意义；（三）不论劝募成绩怎样，希望民众对于政府绝不因此而发生怨言或怨声。"[2]

劝募工作开始后，为了使广大民众充分认识劝募公债的意义，黄炎培不时对之进行宣传，从理论、舆论和现实上说明劝募公债的必要性和重要性。3月15日，他在中央政治学校讲《对战时劝募公债应有的认识》。3月18日，他在中央广播电台作《目前时局与公债劝募问题》的广播演说中强调，本次劝募的是战时公债，是为抗战建国而劝募的。3月24日，他在中央大学演讲《大学生与战时公债》。此后，黄炎培又先后在金陵大学和求精商业专科学校作《学生与公债劝募》的演讲，就大学生应如何对战时公债的推行做出应有的

---

[1]黄炎培：《久违了——为〈吧城新报〉民国三十一年元旦特别献词》，载《国讯》第290期，1941年12月。
[2]黄炎培：《战债劝委会中之我》，载《国讯》第278期，1941年8月。

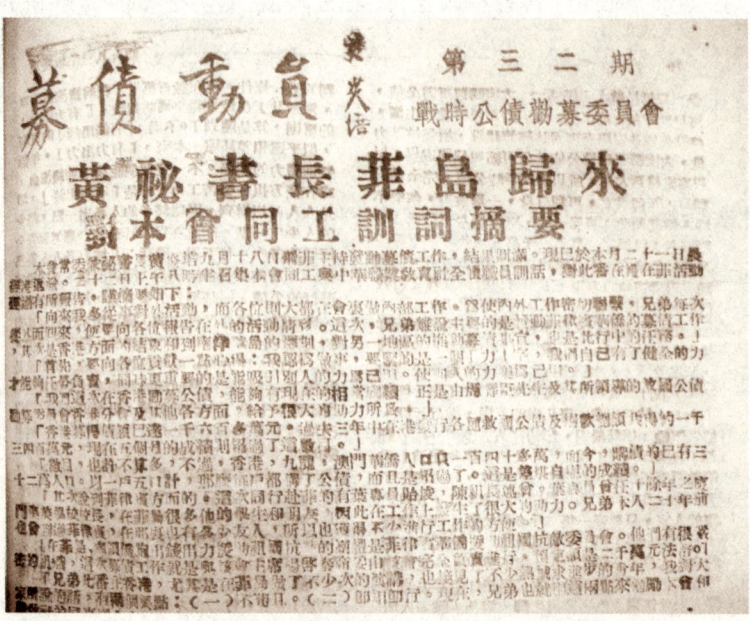

《国讯》上刊登的有关黄炎培劝募战时公债的消息。

努力和贡献作了阐述。

5月3日，黄炎培飞赴香港劝募，同时，也趁便筹备职教社香港分社，并筹划《国讯》香港版事宜。5月12日，他在香港温沙餐室招待香港各报记者，并致词说，劝募战时公债是关系国家民族未来命运的事情，相信在夙负爱国光荣的香港，一定会有更好的成绩，来做国内和海外的榜样。5月16日，在香港各侨团所开的联席会议上，他向大家宣传劝募战时公债的重要意义及性质、特征。他说，抗日战争是全民的战争，国家兴亡，匹夫有责。这次劝募战时公债的用途，"一种是专充军需，以促成抗战必胜；一种专供国家建设，以实现建国必成"，本次劝募公债，是"劝"，是"政治动员"，所以，劝募时，对于有钱者，希望大家积极购买，以赞助国家抗战建国；而对于无钱者，则重在宣传、鼓动，使大家明白战时公债的意义，人人以购买公债为荣。5月19日，黄炎培离港返渝，临行前他对记者发表讲话，并勉励侨胞努力募债。

6月28日，黄炎培又赴云南劝募公债。7月7日，在云南省纪念"七七"四周年大会暨云南劝募公债运动大会上，他又讲了"募债与抗战的关系"。强调，我们有把握取得抗战的胜利，但是，我们又必须做好长期抗战的准备，而长期抗战的重要基础之一就是要有钱，愿大家都能明了战时公债的意义，自愿捐募。

7月20日，黄炎培从云南回到重庆后，于8月18日再赴香港，之后，又于9月18日飞赴菲律宾劝募公债。一到菲律宾，他就被群众簇拥到由菲律宾华侨援助抗敌委员会所召集的大会上，对2000多名群众作了《九一八纪念日的探讨》的演说。他对大家说，大敌当前，"抗战最要，全民抗战最要"，为了我们的国家，恳望大家有力出力，有钱出钱。从9月18日至菲，到10月3日离菲返港，期间，黄炎培先后应南洋中学、华侨援助抗敌委员会、华侨学校、华侨中学、集美学校等之邀，发表讲演，并通过播音，演讲《劝募战时公债之意义》。10月3日晨，当他临别菲律宾时，特给广大群众赠言曰："自助之道莫如团结"；

"合则生，分则死，合则兴，分则亡"；愿我中华民族同胞精诚团结，共渡国难！

在10月21日回渝后，12月2日，黄炎培又乘车赴贵阳，推进贵州省的战时公债劝募运动。他于12月4日抵达，到12月9日离开贵州回返重庆，期间，先后在国立贵阳师范学院、干训团、大夏大学、清华中学、贵阳女子中学、省教育厅、中华职业学校同学会、高等法院及地方法院等处演讲七次，并于12月7日在贵州广播电台作《战时公债在贵州的期望》的播音。12月11日，黄炎培一行抵达重庆。此后，他又于12月31日赴成都募债。

宣传抗战

抗战期间，面对国破家亡的惨痛现实，黄炎培在积极奔走各地从事抗战救国实践活动的同时，还不时应各地大学和团体之邀，发表演讲，积极宣传抗战。如1938年12月26日，在复旦大学商学院及新闻学系、经济学系演讲《从抗战中间得到几个教训》；1939年1月23日，应新生活运动促进总会妇女指导委员会之请，演讲《战争与爱》；1940年6月2日，为重庆中华职业补习学校所设"职业青年星期讲座"作讲演《新县制与抗战建国之关系》；1941年5月31日，在成都应四川省教育厅之邀，为大中学生公开讲演《中国抗战四年来的觉悟与今后青年应有的努力》……而在黄炎培所作的有关宣传抗战的讲演中，"中华复兴十讲"最为引人注目。

1942年6月30日至7月4日，黄炎培在成都华西大学以"中华复兴讲座"为名，先后作了十场讲演，分别是《中国当前之艰险与死里求生之可能》《说明中国积弱不亡于过去而濒危于今日之故》《中国社会内容之剖视》《中国五十

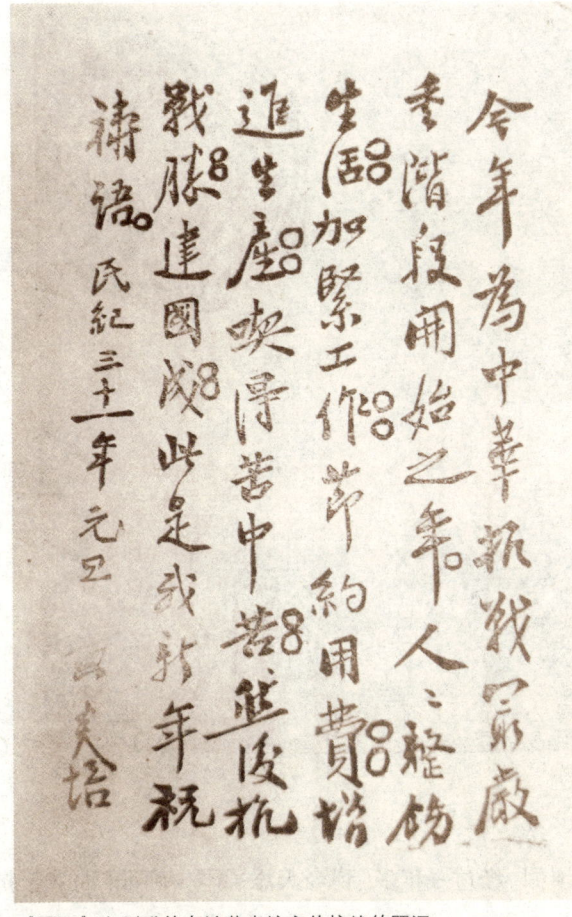

《国讯》上刊登的有关黄炎培宣传抗战的题词。

年来新教育之检讨》《今后吾国国际间之分析》《揭示民族兴亡周期律而抉
破之》《四十年来革命诸先烈之伟大贡献与三民主义之亟待继续实行》《速
觅中华半丧失之国魂而叫复之》《如何恢复国魂甲——关于个人》《如何恢
复国魂乙——关于公众》。这些讲演稿先后在《国讯》上刊发后，引起了社会
民众的强烈反响，不少人常常向黄炎培索要单行本。鉴于这种情况，自1943
年11月始，黄炎培乃又对这十篇讲稿"复阅一过，觉中外战局的变化，当时所

《中华复兴十讲》封面。

预测，经过一年多，到今天添了不少确证，而对于抗战建国大问题，当时的主张，到今天认为更有大声疾呼的必要，因检原稿，付印单行"，取名《中华复兴十讲》，于1944年1月由重庆国讯书店出版。

在"中华复兴十讲"中，黄炎培重在分析当时中国抗战的形势，并提出复兴中华民族的方案。他认为，如今"暴日据我腹心，扼我咽喉，断我手足，国危且急矣"！中国已经不能希求"从生里求生，而定要从死里求生"。那么，如何才能"从死里求生"呢? 黄炎培说，必须充分依靠自己的力量，奋发图强。在他看来，抗战之所以能够坚持，就在于无数的中国民众自强不息，不怕牺牲。一个民族，如果他的广大的民众，敢死、勤俭，则成功；反之，懒惰、怕死，则失败。一个民族，存在"兴亡周期律"，而"自强不息，乃抉破此民族兴亡周期律之不二法门"。[1] 此外，他也认为，中国传统文化中的"忠"、"孝"、"信义"、"勇侠"、"气节"等，乃是"国魂"，要坚持抗战，必须继承并弘扬这些"国魂"。

痛失爱妻与重结良缘

抗战时期，黄炎培时时在为抗战救国努力，可是这期间，他却曾在内心承受着巨大的悲痛。除了1944年1月17日，长子黄方刚中年病故使黄炎培承受着老年丧子之痛外，还有1940年12月15日，夫人王纠思因脑出血在上海病逝给他的巨大打击。

王纠思去世时，黄炎培身在重庆，爱妻的离去，对他的身心是一个巨大的打击。为悼念亡妻，1940年12月18日，黄炎培先写《月圆圆词》三首，深切怀念；12月25日，又作《天长》律诗七首，其中第一首曰："谁说天长地久来，吾生万念一时灰；悲欢聚散寻常事，浑厚精明未易才。去后茅檐犹待火，来时玉镜不成台；庸庸四十年闲福，迸作昆鱼永夜哀。"[2] 与此同时，他还专门写了《先室王纠思夫人行略》，追述夫人的生平，以志纪念，遣悲怀。12月29日，职教社在重庆巴蜀小学为王纠思举行追悼会，孔祥熙、张治中、张嘉璈、沈钧儒、徐宗汉、邓颖超、邹韬奋、钱用和、张申府、沈志远、杨卫玉、吴涵真等亲

[1] 中国社会科学院近代史研究所整理：《黄炎培日记》（第7卷），华文出版社2008年版，第312页。
[2] 中国社会科学院近代史研究所整理：《黄炎培日记》（第7卷），华文出版社2008年版，第46页。

黄炎培和王纠思（1920年）。右为黄炎培在该合影
照背面的题词。

有形茎真我相偶遂为人一生
绸缪恩爱持躬深身眼颣尘
百劫心缩镜嘛春二十二年事销
鹭羡发新

令曰好夫妻他年两枯骨及旱勇修持妙明心不臧

任之四十一岁纠思三九岁
民国九年十二月二十六日共影

往致奠，其他各界300余人亦慕王纠思之贤参加追悼。在追悼会上，黄炎培沉痛地泣述了夫人的生平。

王纠思去世后，黄炎培在很长一段时间里都沉浸在巨大的悲痛之中，时时早起"痛哭夫人"。1941年3月23日，黄炎培又作《亡妻百日祭》诗一首，再次表达了对妻子的怀念之情。诗曰："梦破惊疑尚此身，双江凄雨送萧晨；那容逐汝抛群众，直欲呼天鉴苦辛。花落咒归清净土，门开愁见去来人；剖心残热倾何处？肠断淞南草不春。"[1]此后，不少亲朋好友建议黄炎培续弦，但因对爱妻的怀念，且忙于奔波于各地劝募战时公债，他婉言谢绝了大家的好意。

1941年12月初，黄炎培到贵阳大夏大学讲演，大夏大学学生姚维钧对黄炎培极感钦佩。1909年出生于南汇县周浦镇的姚维钧，祖籍安徽黟县，和黄炎培一样有着坚定的爱国信念。黄炎培离开贵阳后，姚维钧乃写信给黄炎培，表述自己的学习志趣，并表达了愿拜黄为师的愿望。之后，他们鸿雁传书，诗词唱和，从相知到相爱。1942年7月，姚维钧毕业后，于8月11日来到重庆。8月16日下午三时，黄炎培和姚维钧在重庆张家花园巴蜀学校大礼堂举行婚礼，各界人士200余人参加。婚礼现场布置得朴素、典雅，如同普通的茶会。黄炎培、姚维钧事前特向外界宣布："国难严重，不忍耗及人力物力，……凡诸礼品，以及联幛花篮，乃至一切文字，一概不敢领受。"所以，婚礼现场"桌上摆的只有清茶、果点、瓶花、笔墨、公告稿、印泥，壁上挂着国旗。没有花篮，没有喜幛。所有礼物，一概璧谢"。[2]

婚礼上，黄炎培身着灰色学生装，精神焕发；姚维钧则一袭淡黄色旗袍，自在大方。由证婚人之一张一麟（另两位是穆藕初和杜月笙）宣布结婚仪式

[1]中国社会科学院近代史研究所整理：《黄炎培日记》（第7卷），华文出版社2008年版，第79页。
[2]记者：《救国老人老当益壮：黄任老续弦记》，载《国讯》第311期，1942年9月。

黄炎培和姚维钧结婚照。

开始。接着,黄炎培和姚维钧口头报告了自去年十二月以来两人相互交往直至相爱的经过,并将印就的《婚事经过敬告亲友》文分发给大家。然后,穆藕初、杨卫玉等人先后发言。穆藕初说,黄任老是著名的爱国者,相信他们两人的结合,定会在共同的爱国之中,相亲相爱;杨卫玉则称二人的结合,乃是"天作之合"、"佳偶天成"。

黄炎培、姚维钧曾订下结婚式原则:"以简朴代繁缛,以和谐代严肃,以自然代矫揉。"事实确实如此。婚后,他们的生活也如此"结婚式原则"一样,简朴、和谐、自然,夫唱妇随,伉俪情深。

八　为民主、团结、和平奔波

1945年7月，黄炎培、褚辅成等6人访问延安时，毛泽东和黄炎培（左）在机场谈话。

参加国民参政会

1. 国民参政会的成立

1938年3月底至4月初召开的国民党临时全国代表大会决议："在非常时期，应设一国民参政会，其职权及组织方法，交中央执行委员会详细讨论，妥定法规。"与此同时，国民党五届四中全会又决定"组织国民参政机关，团结全国力量，集中全国之思虑与识见，以利国策之决定与推行"。[1]会议制定和通过了《国民参政会组织条例》，规定"国民政府在抗战期间，为集思广益，团结全国力量起见，特设国民参政会"。参政会置参政员150名，其中，由各省选任100名，从曾在各重要文化团体或经济团体服务三年以上、著有信望，或努力国事、信望久著之人员中，选任50名（后增为100名）。

7月1日，国民参政会正式成立。成立后，从1938年7月的第一届第一次会议，到1947年5月的第四届第三次会议，共举行了四届十三次会议。

国民参政会的成立，为各界人士互通讯息、磋商国事、监督国家政治提供了一个重要的平台。而黄炎培作为参政员，也认

---

[1] 四川大学马列教研室编：《国民参政会资料》，四川人民出版社1984年版，第1页。

定三大目标:"(一)为求全国民众与政府合作";(二)为求地方各省与中央合作;(三)为求各党各派与国民党合作。"[1]他说,这三大目标乃是抗战胜利、建国成功的主因。在他看来,作为参政员,一定要"抱有民族国家利益高于一切的观念","公忠谋国"。[2]欲求抗战的胜利,"须每一个人努力于胜利条件的增进,最重要的胜利条件是什么? 就是全国一致精诚团结"。[3]正是基于以上目标和认识,黄炎培在所参加的国民参政会历次会议上,不仅努力调解国共争端问题,而且积极为民主、团结、和平建言献策。

2. 积极建言献策

王云五。

1938年7月6日至15日,国民参政会第一届第一次会议在汉口举行,出席会议的参政员共162人,黄炎培被选为国民参政员。在会上,郑震宇提出《精诚团结拥护〈抗战建国纲领〉案》,黄炎培和邹韬奋、梁漱溟、沈钧儒、王云五、梁实秋、傅斯年等为连署人;黄炎培并和陈绍禹、张伯苓、邹韬奋等提出《拥护国民政府实施〈抗战建国纲领〉案》;他还和傅斯年等提出《拥护〈抗战建国纲领〉案》。此后,该三案合并,另行起草一决议案,经大会表决一致通过。

张伯苓。

---

[1]黄炎培:《大学生与战时公债》,载《国讯》第266期,1941年4月。
[2]《国民参政会前夜参政员意见》,载1938年7月3日《新华日报》。
[3]黄炎培:《外省人在四川——第四个"八一三"在宜宾作》,载《国讯》第245、246期合刊,1940年9月。

该决议案全文如下：

国民参政会成立于抗战周年之日，目击全国军民，浴血苦战，壮烈牺牲，忠愤满腔，如焚如裂，深感吾民族存亡，系于目前之奋斗，成则俱生，败则俱亡。吾整个民族，不分党派，不分职业，惟有精诚团结，坚苦奋斗，一面抗战，一面建国，始能免沦于奴隶灭亡之境，而跻于自由平等之域。爰郑重决议，拥护民国二十七年四月中国国民党临时全国代表大会所通过之《抗战建国纲领》。切望国民政府制定实施办法，督促各级政府，切实施行。同人当随全国国民之后，依据此项纲领，在最高统帅蒋委员长领导之下努力奋斗，以取得抗战最后之胜利，而达到建国之成功。[1]

国民参政会第一届第一次会议结束后的第二天，即7月17日，黄炎培写了《国民参政会开幕》一诗："经帮策士书千上，报国忠魂骨一堆。……杖逐曾惟一夸父，天遗处处邓林材。"会后，黄炎培"旅行了五六省，五千余公里"。每到一地，当他谈及国民参政会，发现人们"对于各党各派无党无派之倾心合作，精诚团结，莫不交口称颂，引为抗战前途最有希望之一点"时，深感振奋，决心"加倍发挥此精神，予国人以更大之慰藉与期望"。[2]

10月13日，国民参政会第一届第二次会议召开前夕，时在柳州的黄炎培特作《国民参政会第二届大会——敬陈同会诸君子》，对会议条陈三点意见。1939年1月，在国民参政会第一届第三次会议召开前夕，黄炎培又作《第三届国民参政会该怎样》一文，发表在《国讯》第195期，希望国民参政会能真正

---

[1] 重庆市政协文史资料研究委员会、中共重庆市委党校编：《国民参政会纪实》（上卷），重庆出版社1985年版，第192～193页。
[2] 黄炎培：《国民参政会第二届大会——敬陈同会诸君子》，载《国讯》第187期，1938年11月。

1939年2月国民参政会第一届第三次会议合影，第一排左起第十三人为黄炎培。

起到其"集思广益、团结抗战时期的全国力量"，以"负荷这空前严重的抗战使命"的目的。而在2月12日至2月21日的会议期间，黄炎培不仅任休会期间驻会委员会委员，而且还领衔与人联合提出《协助改善兵役建议案》和《建议固结民心以期取得抗战必胜建国必成之美果案》，从多方面阐述了"各级文武官吏尊重民意，尊重民命，慎用民力，慎用民财"的必要性。[1]

1940年4月1日至4月10日，国民参政会第一届第五次会议召开，黄炎培与人在会上提出《消灭三种不应有之现象以加强抗战建国案》。他在该案中指出，因兵役、工役所造成的"大多数民众的痛苦"，因官吏的"奢侈"、"贪污"和"迷信"所造成的"官吏之腐化"，以及"多数青年的苦闷"，乃是影响抗战前途的三种不良的现象，提议政府应"明令全国文武官吏，切实珍护民力民财民命"，"切实注意严惩贪污，并于执行时特别注意高级官吏"，"查明在职官吏，设坛扶乩，予以惩处"，"令饬各级教育机关，对青年予以切实积极之指导，勿专用消极之限制"。黄炎培认为，若如此，则"必可加强抗战救

[1]《国民参政会第三次大会纪录》，国民参政会秘书处1939年编印，第69页。

国的力量,并加速必胜与必成境地之到临"。[1] 此外,他还参与了梁漱溟在这次会议上提出的《请厘定党派关系,求得进一步团结,绝对避免内战,以维国本案》的联署。

此后,黄炎培在国民参政会的会议上,仍多次提出相关议案。如在1941年11月第二届第二次大会上,提出《如何减除民众痛苦加强抗战心力案》,就抑制物价上涨、改善民众日常生活提出了自己的建议;在1944年9月第三届第三次会议上,提出《重订国际贸易政策并调整贸易委员会组织案》。

发起成立民盟,从事民主运动

黄炎培向来主张,在中国,必须实行民主政治,走团结的道路。在他看来,无论是宪政的实施,还是国家的建设,都不仅仅是政府的责任,同时也是广大民众的责任。因此,他积极联合有识之士,发起成立了民盟等重要政治团体。

1. 从统一建国同志会到中国民主政团同盟

1939年10月,黄炎培和梁漱溟、章伯钧、沈钧儒、张澜等在重庆发起成立统一建国同志会。11月23日,成立大会在重庆召开,黄炎培、江恒源、冷遹、张澜、梁漱溟、沈钧儒、邹韬奋、张申府、章乃器、罗隆基、左舜生、曾琦、李璜、余家菊等与会。会议通过了《统一建国同志会信约》和《统一建国同志会

---

[1] 重庆市政协文史资料研究委员会、中共重庆市委党校编:《国民参政会纪实》(上卷),重庆出版社1985年版,第702~705页。

简章》，主张实施宪政，成立宪政政府，反对内战等，并选举黄炎培、张澜、章伯钧、左舜生、梁漱溟为常务干事，公推黄炎培为主席。统一建国同志会的成立，为"中国民主政团同盟"的成立作了组织上的准备。

虽然，蒋介石以不能成为正式政党为条件，允许统一建国同志会进行合法活动，但黄炎培等民主人士发起的旨在坚持民主抗日、促进国家民主化进程的民主宪政运动，却遭到坚持"一党专政"和个人独裁的国民党、蒋介石的仇恨和扼杀。1940年9月，国民党宣布因"交通不便"，国民大会不能按期召开；10月始，又发动第二次反共高潮，制造摩擦；12月，无理取消主张抗日的一些党派领导人和无党派贤达人士的国民参政会参政员资格……鉴于国民党"仇视共产党"，排斥民主人士，"不足肩负救亡重任"，12月24日和25日，黄炎培、左舜生、张君劢、梁漱溟等在重庆多次秘密集会，酝酿加强中间派的组织，以争取民主团结。

1941年1月6日，遵令由皖南向江北移防的新四军9000余人，途中遭到国民党军队8万余人的突然围攻，新四军奋战七昼夜，除少量突围和被俘外，全部战死。得悉"皖南事变"惨案后，黄炎培当即愤恨、痛心地表示："不论事情经过之是非，当局如此措置绝对错误。"于是，在积极奔走协调国共两党关系的同时，黄炎培等人更加认识到"不容自轻责任，必当慷慨而起，联合同心，进而推动两党团结抗敌"，并思虑着如何更好地维护团结抗战的局面。最终，他们决定尽快联合组织起来，以形成一个较为强大的"第三者"政治集团，使之在促进国内团结中发挥应有的作用。

2月25日至3月13日，黄炎培和张澜、梁漱溟、左舜生、张君劢、章伯钧、罗隆基、李璜等，多次秘密召开民主政团同盟成立的筹备会议。尽管蒋介石得到消息后，曾企图阻止民主政团同盟的成立，但3月19日下午，中国民主政团同盟成立大会暨第一次中央执行委员会议还是在重庆上清寺鲜英住宅"特园"秘密召开，黄炎培和张澜、梁漱溟、左舜生、张君劢、章伯钧、罗隆基、

中国民主政团同盟成立大会会址鲜英住宅"特园"。

中国民主政团同盟主席张澜（左）和中央常委梁漱溟（右）。

李璜、丘哲等13人出席。会议通过了中国民主政团同盟"政纲"、"宣言"和"简章",黄炎培和张澜、左舜生、张君劢、梁漱溟、章伯钧、罗隆基(蒋匀田代)、李璜、江恒源、冷遹、丘哲、林可玑、杨赓陶计13人被推选为中央执行委员,其中,黄炎培、左舜生、张君劢、梁漱溟、章伯钧五人为中央常务委员,黄炎培并被推为中央常务委员会主席。

然而,由于不久黄炎培即忙于劝募战时公债,10月,他特提出辞去中国民主政团同盟主席职务,后张澜被推选接任。

辞去中国民主政团同盟主席职务后,黄炎培虽然没有再参加其活动,然而,他对这一组织却一直持积极支持的态度。正如他在1941年10月17日所作的《我之对于中国民主政团同盟》一文中所说:"我对于民主政体,是素所主张的。"[1]

2. 中国民主同盟的成立

进入1944年,随着抗战的形势向着有利于中国方面迅速发展,黄炎培在对胜利满怀期待的同时,也对民主着力进行倡导。在这年9月1日出版的《国讯》第375期上,黄炎培和张志让、杨卫玉、褚辅成、冷遹、江恒源、王云五、卢作孚、章乃器、潘序伦、孙起孟等30余人联名发表《民主与胜利献言》,提出实行宪政,使人民所渴望的民主制度得以尽早实现,"不惟其名,务求其实"。并要求全国上下要切实执行《中华民国训政时期约法》,对其所规定的人民应享有的权利,如"身体与财产之保护,言论、出版、集会、结社之自由等",应予以保护;切实开放言论,除图书审查业已废止外,其他的杂志日报,"凡受检查与限制,应以涉及军事秘密或反对抗战者为限";兵役、工役与一

---

[1] 黄炎培:《我之对于中国民主政团同盟》,载《国讯》(香港)第2期,1941年10月。

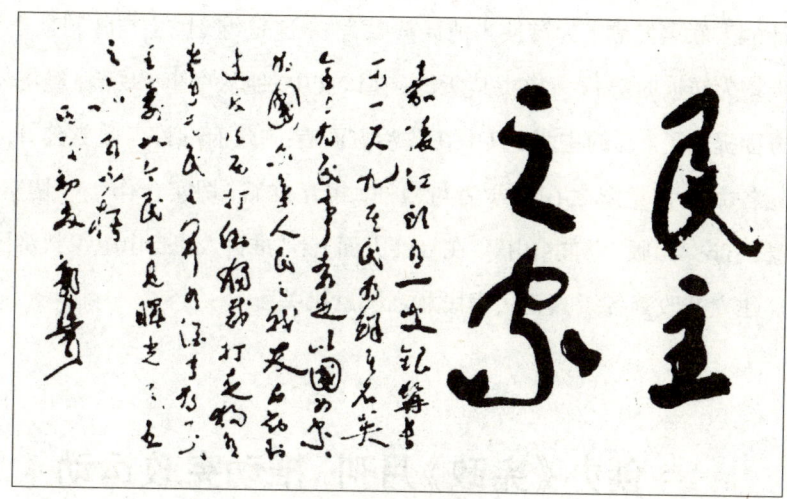

"特园"被称为"民主之家"。这是郭沫若的题字。

切赋税制度的订立和执行,应绝对公平;学生在不妨碍学校纪律和普通法规的前提下,应予以言论和行动的自由。[1]

此后,为了吸引更多的无党派人士加入中国民主政团同盟,9月19日,中国民主政团同盟在"特园"召开会议,黄炎培和张澜、沈钧儒、张君劢、左舜生、章伯钧、罗隆基、潘光旦、朱蕴山、郭则沉等与会。会议决定将中国民主政团同盟改为中国民主同盟(简称"民盟"),并讨论了《中国民主同盟纲领》(草案),改组了中央领导机构,黄炎培和张澜、沈钧儒、张君劢、左舜生、章伯钧、梁漱溟、罗隆基、张申府、曾琦、李璜、张东荪、潘光旦等13人被选为中央常委。

中国民主同盟成立后,黄炎培继续为民主、和平而奔波着。1945年1月1日,他和杨卫玉、江恒源、张志让、褚辅成、王云五、章乃器、孙起孟、冷遹等

[1]黄炎培等:《民主与胜利献言》,载《国讯》第375期,1944年9月。

计64人联名发表《为转捩当前局势献言》，这是继《民主与胜利献言》后，黄炎培为转捩时势再一次贡其所得。在该文中，他从军事、政治、经济、社会等方面提出了自己的主张。其中在政治方面有："政府准许各政党公开，并与各党各派及无党派之在野学者与领袖，相互推诚，切实合作"；"切实保障人身、言论、出版、新闻自由"。在社会方面有："准许人民自由组织救济团体"；"建立并改善各级真正代表民意之民意机关"。[1]

创办《宪政》月刊，推动宪政运动

1. 创办《宪政》月刊

《宪政》月刊是一份以"促进民主、宪政、抗战、团结"为宗旨的政论性、学术性的杂志，它由黄炎培和张志让于1943年11月23日发起创办，经一个月筹备，于1944年元旦在重庆创刊。至1946年3月，共出27期。发行人为黄炎培，主编张志让，编辑委员有：黄炎培、戴修瓒、褚辅成、杨卫玉、傅斯年、章友江、章士钊、陆鸿仪、陈北鸥、祝世康、江恒源、向乃祺、王芸生。

黄炎培希望，在全国人民翘首期盼民主、实现宪政的时候，《宪政》能够真正成为推动全国宪政运动和政治民主化的一个重要媒介，所以，该刊大声疾呼实现真正的民主宪政运动，号召全国人民应该团结一体，"为抗战，为宪政，为民治而奋斗"。[2]创刊号一出，立即在大后方引起轰动，三天即售

---

[1] 黄炎培等：《为转捩当前局势献言》，载《国讯》第383期，1945年1月。
[2] 张志让：《中国宪政运动与世界民主潮流》，载《宪政》创刊号，1944年1月。

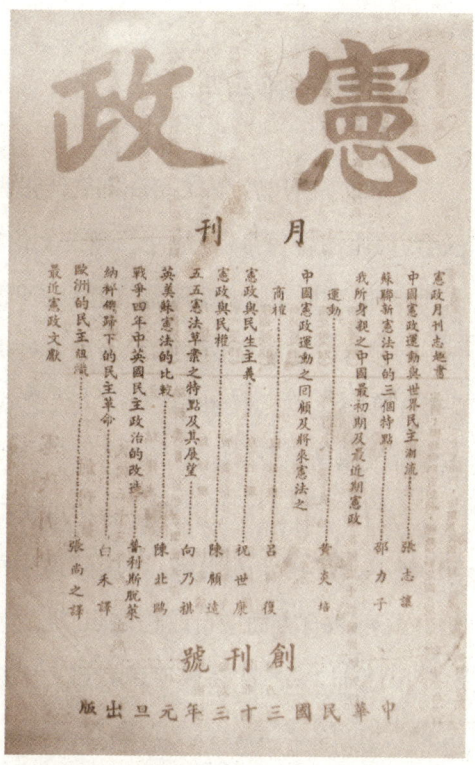

《宪政》月刊封面。

馨。之后,《宪政》很快成为推进民主宪政的阵地,沈钧儒、郭沫若、马寅初、陶行知等民主进步人士,都在上面发表文章。而黄炎培也先后在该刊上发表《我所身亲之中国最初期及最近期宪政运动》(创刊号)、《愿全国上下尽力奉行约法来练习奉行宪法》(第2号)、《关于宪政实施文件两种》(第3号)、《川西旅途中谈宪政》(第4号)、《我们共同协助政府促成全国上下尽力奉行约法》(第6号)、《宪政运动下南洋侨务两大方针》(第7、8号合刊)等。此外,黄炎培还在《国讯》上发表《吾人要以宪政运动来迎接抗战最后胜利》(第357期)。在这些文章中,黄炎培对宪政的理论和如何实施作了初步的探讨。

2. 推动宪政运动

《宪政》创刊后,黄炎培随即又偕张志让于1944年1月4日发起组织宪政座谈会。该座谈会每月举行一次,邀请文化界、实业界、银行界甚至政界的知名人士参加,对推动民主宪政运动起到了积极作用。

1月27日,在重庆两路口社会服务处举行第一次宪政座谈会,讨论《五五宪章》第一章"总纲"和第二章"人民之权利与义务",黄炎培和沈钧儒、杨卫玉等66人出席。

2月7日,第二次宪政座谈会在重庆打铜街交通银行举行,黄炎培、张志让、杨卫玉等10余人出席,会议研讨中国在制定宪法时及实施宪政前就政治、经济、教育方面应行改进之点。

6月13日,第六次宪政座谈会再一次在重庆打铜街交通银行举行,出席者有黄炎培、冷遹、江一平、钱新之、李志一、向乃祺、章乃器、孙科、杨卫玉、贾观仁、张志让等30余。由于此次讨论的主题是"私人企业与宪政",所以,参加这次座谈会的不少是工商界领袖。座谈会上,黄炎培首先谈了本次所要讨论的三个方面:"从国营与民营的配合生产中,求出私人企业如何才能效力于国家的方法";在抗战胜利愈益迫近的时候,私人企业如何根据政府即将确定的战后国策,筹划一切,以谋"能够在建国事业中尽其责任";工、商、矿界特别是工业界,危机日显,困难日重,"如何打破目前的困难"。[1]

7月26日,第七次座谈会在交通银行举行,黄炎培、王芸生、章乃器等近20人与会。从这次开始,座谈会放宽讨论范围,规定,凡是与国家政治有重大关系的问题,都可以作为谈论问题。所以,本次座谈会针对7月18日日本内阁

---

[1]《私人企业与宪政——本刊第六次座谈》,载《宪政》第7、8号合刊,1944年8月。

冷遹。

的倒台，特以"暴日政局剧变后的新趋向"作为研讨问题。

8月31日，第八次座谈会在交通银行举行，参加者有黄炎培、张志让、沈钧儒、杨卫玉、陈时、司徒德、黄墨涵、刘伯昌、钱新之、傅彬然、张申府、方仲颖、潘震亚、陈丕士、冷遹、章乃器、向乃祺等人，黄炎培和张志让任主席。此次研讨的问题为"保障人身自由问题"，包括"应如何保障人身自由，始为切实有效"，对于国民政府新颁布的《保障人民身体自由办法》和国民政府已经定期施行的《特种刑事案件诉讼条例》的研究，以及"对于保障人身自由有何应向国民参政会或宪政实施协进会提出之建议"。

此外，黄炎培还多次参加由张君劢、左舜生发起的宪政座谈会，参加宪政实施协进会对有关宪政问题的讨论，并多次应有关机构邀请，演讲宪政。如1944年5月22日，在重庆中国百货公司演讲《吾人在宪政下之修养》；5月29日，应复旦大学学生所组织的宪政研究会之邀，在该校演讲《从宪政想到中国前途》。

《宪政》的创办及宪政座谈会的举行，对当时的民主运动起到了积极的

推动作用, 充分反映了黄炎培追求民主的强烈愿望。正如他在1945年4月2日
所作的《民主》一诗中所说:

民主! 民主!

做了三十多年中华民国国民,

到今天, 还在追求那谁是主人? 主人在那处?

老牌的中华旅馆, 还没有择吉开张,

老是商量着: 怎样开菜单?

讨论着: 怎样安桌椅? 怎样排刀箸?

经过了两次世界大干戈,

赤血向欧亚非三洲流成江河,

第二次大战一天中间掷向德国地面的炸弹,

比第一次从头到尾所掷炸弹还要多,

世界在高喊着:"民主! 民主! 平和! 平和! 不民主那会平和。"

民主还要千呼高唤吗!

没有这惨痛的经过,

难道便忘掉"主权在民"的本义么?

男也好, 女也好,

老百姓也好, 为官受禄人也好,

一齐把思想扶上轨道。

轨道在那里?

随时随地,

三句话, 牢牢记:

一切一切，我为的是什么？是民众。

我靠的是什么？是民众。

我是什么？是民众中间一分子。

三句话，牢牢记。[1]

延安之行

1. 访问延安

在宣传抗战与争取民主的实践中，黄炎培逐步认识了中国共产党的政策，并萌生了亲赴延安考察的愿望。

早在1944年9月15日国民参政会第三届第三次会议上，大会主席团即提议，推荐冷遹、胡霖、王云五、傅斯年和陶孟和五人共同组成延安视察团，赴延安视察，并于返渝后，向国民政府提出有关加强全国团结的建议，但后因种种原因，未能成行。

1945年6月2日，黄炎培和褚辅成、冷遹、王云五、傅斯年、左舜生、章伯钧几位国民参政员，共同致电毛泽东、周恩来：

延安毛泽东、周恩来先生惠鉴：

团结问题之政治解决，久为国人所渴望。自商谈停顿，参政会同人深为焦虑。月前经辅成等一度集商，一致希望继续商谈。先请王若飞先生电闻，计达左

---

[1] 黄炎培：《民主》，载《国讯》第389期，1945年4月。

右。现同人鉴于国际国内一般情形，惟有从速完成团结，俾抗战胜利早临，即建国新奠实基。于此敬掬公意，仁候明教。[1]

6月18日，毛泽东、周恩来回电：

诸先生团结为怀，甚为钦佩。由于国民党当局拒绝党派会议、联合政府、及任何初步之民主改革，并以定期召开一党包办之国民大会制造分裂、准备内战相威胁，业已造成并将进一步造成绝大的民族危机，言之实深痛惜。倘因人民渴望团结，诸公热心呼吁，促使当局醒悟，放弃一党专政，召开党派会议，商组联合政府，并且即实行最迫切的民主改革，则敝党无不乐于商谈。诸公惠临延安赐教，不胜欢迎之至，何日启程，乞先电示。扫榻以待，不尽欲言。[2]

6月27日，在征得蒋介石的同意后，黄炎培等决定于7月1日飞赴延安。

2. 延安五日

7月1日晨，王云五临时病辞。9时35分，黄炎培、章伯钧、左舜生、冷遹、褚辅成、傅斯年六位参政员同机飞往延安；下午1时，抵达延安机场。毛泽东、朱德、周恩来、林伯渠、吴玉章、邓颖超、张闻天、叶剑英、李富春、杨尚昆等到机场迎接。毛泽东一见到黄炎培，就说：我们不是第一次见面了！黄炎培听后很是诧异。毛泽东告诉他说：早在1920年5月杜威来华间，"江苏省教育会欢迎杜威博士，你演说，说中国一百个中学毕业生，升学者只多少，失业者倒有多少，这一大群听众中间，有一个毛泽东"。

[1]《褚辅成先生等来电》，载1945年6月30日《解放日报》（延安）。
[2]《毛主席电复七参政员欢迎来延商谈国是》，载1945年6月30日《解放日报》（延安）。

　　黄炎培一行的到来，不仅中共方面极为重视，而且延安各界也甚是关注。《新华日报》在7月2日专门刊登题为《黄炎培等六先生到延安受欢迎》的消息。这一天，黄炎培特作《延安》诗一首：

国民参政会参政员傅斯年。

> 飞下延安城外山，万家陶穴白云间。
> 相忘鸡犬闻声里，小试旌旗变色还。
> 自昔边功成后乐，即今铃语诉时艰。
> 鄜州月色巴山雨，一为苍生泪欲潸。[1]

　　在接下来的几天，黄炎培等六位参政员不仅看到了延安各界欣欣向荣的新气象，而且还和毛泽东、朱德、周恩来、刘少奇、林伯渠、张闻天、任弼时、王若飞等举行了正式会谈，就召开国民大会和政治会议进行了充分讨论。期间，有一次和毛泽东进行谈话时，黄炎培说："我生六十多年，耳闻的不说，所亲眼看到的，真所谓'其兴也浡焉'，'其亡也忽焉'，一人，一家，一团体，一地方，乃至一国，不少不少单位都没有能跳出这周期律的支配力"，希望中国共产党能够"找出一条新路，来跳出这周期律的支配"。毛泽东当即回答说："我们已经找到新路，能跳出这周期律。这条新路，就是民主。只有让人民来监督政府，政府才不敢松懈。只有人人起来负责，才不会人

---

[1]中国社会科学院近代史研究所整理：《黄炎培日记》（第9卷），华文出版社2008年版，第56页。

1945年7月，黄炎培（右二）访问延安期间，和陈毅（右一）等人合影。

亡政息。"[1]这就是被后人广为传诵的关于"历史周期律"的谈话。

最终，黄炎培等六位参政员和中共达成了由中共方面整理出的《会谈纪录》，其中双方一致同意"停止国民大会进行"，"从速召开政治会议"。

3. 延安归来

7月5日，黄炎培等六位参政员结束对延安的访问，毛泽东、朱德、周恩来等特到机场送行。

当黄炎培等人回到重庆后，他们仍天真地希望他们这次延安之行能真正

[1] 黄炎培：《延安五日记》，载《国讯》第400期，1945年10月。

实现他们去时的初衷。然而，当7月7日国民参政会第四届第一次会议开幕，黄炎培和褚辅成、傅斯年等人谒见蒋介石，并呈上《会谈纪录》时，没想到蒋介石不仅根本不把这个《纪录》放在眼里，而且欲在7月14日通过国民参政会坚持包办召开国民大会。鉴于召开国民大会"责在制定宪法"，"还政于民"，而今"仓卒召集，仓卒制定，则其后患将不堪设想"，黄炎培和冷遹、江恒源联合发表书面声明：不参加关于国民大会问题的讨论。[1]

也许更让黄炎培想不到的是，随着抗战胜利的日子日益临近，国民党已经将对共产党解放区的进攻置于其考虑之中了。

7月20日，国民党调集几个师的兵力，突然大规模进攻陕甘宁边区。7月21至22日，国民党胡宗南部进犯陕甘宁边区的淳化县爷台山。当得知"淳化事件"经过后，黄炎培和张澜、沈钧儒等人极为关注。7月28日，他们以民盟的名义，发表《对时局宣言》，坚决主张通过政治会议，以巩固和平，加强团结。《宣言》指出，在抗战"胜利在望之时"，有些人竟"重私斗而忘公仇"，"抑何词以对我数万万支撑抗战多灾多难之同胞"；希望立即停止内战，召集各党派及无党派之政治会议，谋取团结的实现，"达成改组举国一致政府之目的"。[2]

延安之行给黄炎培留下了深刻的印象，他对延安、对共产党有了真切的认识，他认为自己有责任将在延安的所见所闻写出来，公布出来，以挫败国民党对共产党的种种污蔑，消除人们对延安、对共产党可能存在的偏见和误解。因此，从7月9日始，他将此次延安之行写成《延安五日记》，并作《延安归来答客问》。其中前者从7月25日到10月10日，陆续在《国讯》第395期至第400期上连载；同时，将《延安五日记》《延安归来答客问》连同《自重庆之延安》

---

[1] 四川大学马列教研室编：《国民参政会资料》，四川人民出版社1984年版，第221~222页。
[2] 中国民主同盟中央文史资料委员会编：《中国民主同盟历史文献（1941~1949）》，文史资料出版社1983年版，第49~50页。

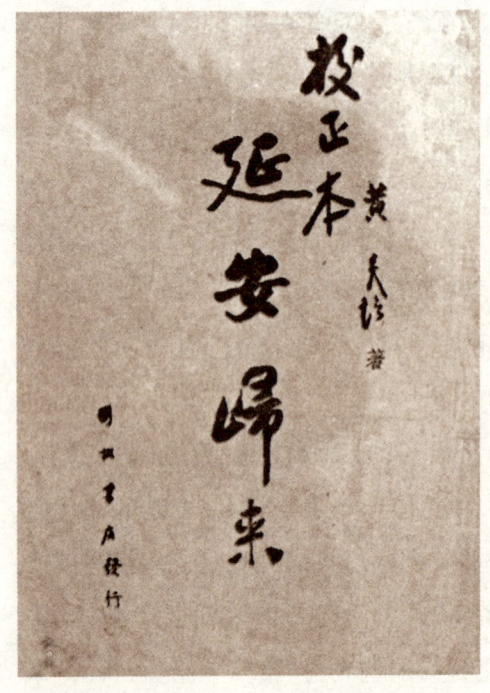

《延安归来》初版封面。

　　《延安去》诗两首,合并为《延安归来》一书,于1945年8月7日由重庆国讯书店出版,初版2万册,几天即售罄,10月,上海国讯书店再版5000册。

　　延安之行使黄炎培更加了解了延安和中国共产党,而《延安归来》则使更多的人了解了延安和中国共产党!

九　战时的教育追求

1939年4~5月，中华职业教育社在昆明召开工作讨论会。第二排左起第六人为黄炎培。

职教社新目标的确立

早在1936年8月,鉴于日本不断加紧对中国的侵略步伐,中华职业教育社为继续坚持活动,不得不在武汉成立了办事处;抗日战争全面爆发后,1938年2月,又在桂林成立广西办事处。9月,职教社总部迁至桂林,并于10月1日开始办公,由办事部副主任杨卫玉主持社务。总社迁至桂林后,上海改设办事处。10月10日,职教社又在重庆成立四川办事处。而随着10月底武汉的沦陷,武汉办事处遂被取消。

为了主持职教社在重庆的工作,这年7月19日,黄炎培和杨卫玉等人也来到重庆。面对处于生死存亡关头的中华民族,黄炎培希求自己和他的同人们,"用最大的努力尽最后的责任",挽救民族危亡。12月20日,黄炎培在重庆南温泉写下《我之人生观与吾人从事职业教育之基本理论》。在文中,黄炎培指出"政治经种种演变,而提出民主制度;经济经种种演变,而提出社会主义,皆为吾人信念所在";因此我们必须"尽量发挥并凝合一国间地力、物力、人力,以构成整个国力","造成强固有力之个体",也就是说,要集合全民族的力量,只有这样,才能抵御外来的侵略;而这,就必须通过职业教育,增益每个人的智能,使他们知道自身应尽的义务,应享权利的"质量与限度",进而通过劳力和劳心的方式,谋取生活需求。可见,此时,黄炎培仍然十分重视职业教育在社会发展中的地位,并针对国家的"巨变",认真考虑新的时代要求下如何构建职业教育的理论，才能使职业教育更充分地发挥其应有的作用。

然而，在一个国将不国、甚至面临着亡国之祸的年代，"职教救国"无疑是一个美丽的梦呓！这一点，几天后即为残酷的现实所印证。12月29日，桂林总社被敌机炸毁。黄炎培和职教社的同人愤怒憎恨，痛心疾首，他们发表"宣言"，正告日本侵略者，"炸弹虽可毁我有形之物体，不能毁我不挠之精神"；"我社全国一万余同志，誓为抗战建国而努力，始终不懈"；"誓必为维护和平正义而奋斗，从焦土中建立文化学术之新生命"。[1]

昆明工作讨论会后，职教社发表的抗战期间职业教育为抗战服务的专论。

[1]《中华职业教育社重要消息》，载《国讯》第193期，1939年1月。

　　为了策励职教社未来的工作方针,1939年4月16日至5月7日,职教社在昆明召开了为时三周的工作讨论会,黄炎培抽时专程由四川飞抵昆明与会。会议不仅决定将总社迁至重庆,而且确定了职教社新的努力目标:"在以最高的积极性参与抗战建国的努力",进而"实现一个民生幸福的社会";在这个社会里,真正达到"使无业者有业,有业者乐业"的目的。围绕这一目标,职教社制订了各种工作任务。就职业学校教育而言,"将从事研究倡导、实验、推行怎样根据实际的需要创设职业学校或添办各种短期职业训练班,培养能为抗战建国切实服役的人才","如何使职业学校同时也成为生产单位,供应人民生活所需,推而发展一般社会经济";就职业补习教育来说,乃在于"配合抗战建国需要,通过补教方式,在技术上培养各种抗战必需之人才,在政治上提高受教育者之抗战情绪,在公民道德上养成勇于为群之公民,使受教者皆能积极支持抗战,以争取最后胜利"。[1]可见,此时的职教社已经开始抛弃"职教救国"的理想,转而为致力实现抗战救国的胜利而努力。此后,黄炎培和广大同人一起,紧紧将职业教育的宣传和实践与抗战大业联系起来,充分发挥职业教育在抗战中的重要作用;同时,也将更多的时间和精力投入到抗战救国的事业之中。

为"抗战教育"奔波

　　抗战爆发后,国民政府确立了"战时须作平时看"的教育方针,并于1938

---

[1]中华职业教育社:《今天的中华职业教育社——昆明工作讨论会会后》,载《国讯》第209期,1939年8月。

年4月制定了《战时各级教育实施方案纲要》，具体规定了抗战期间各级各类教育的具体政策。此后，教育部为实施"抗战教育"，采取了诸多措施，进行了一系列改革，以极力维持教育于抗战时期而不坠。而作为教育界的名流，黄炎培积极地为"抗战教育"奔波。

1. 出席第三次全国教育会议

国民政府成立后，在抗战前，曾召开过两次全国教育会议。

第一次全国教育会议于1928年5月15日至28日在南京召开，由时任大学院院长蔡元培组织，时称全国教育会议；后来，因为有了第二次全国教育会议的召开，所以，这次在南京国民政府成立伊始召开的全国教育会议，也就按例被后人称为第一次全国教育会议。

大学院作为全国最高教育行政机关和学术研究机构，其存在时间是短暂的。这一因希望实现"教育独立"而仿行法国建立的教育机构，反映了蔡元培坚定而执着的"教育救国"愿望，但事实证明，所谓"教育独立"只能是一个美妙的幻想！随着"大学区"制的推行渐次失败，1928年10月3日，蔡元培辞去大学院院长的辞呈得到国民党中央政治会议的批准，而在蔡的推荐下，蒋梦麟被特任为大学院院长。10月23日，国民政府下令，改大学院为教育部；翌日，又特任蒋梦麟为教育部部长。

教育部恢复成立后，1930年4月15日至23日，蒋梦麟又在南京主持召开了第二次全国教育会议。这次会议最重要的成就，就是编制成了一个《改进全国教育方案》，被时人称为"今后二十年间我国施行教育的具体计划"。事实也确实如此。从此后到抗战前的教育发展来看，第二次全国教育会议的指导意义是显而易见的。

1939年3月1日至9日，第三次全国教育会议在重庆川东师范大礼堂召开，

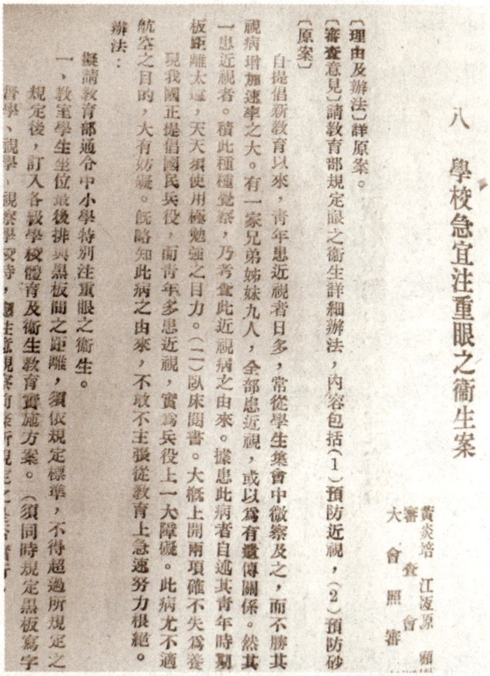

八　學校急宜注重眼之衛生案

黃炎培　江恆源

〔理由及辦法〕詳原案。

〔審查意見〕請教育部規定眼之衛生詳細辦法，內容包括（1）預防近視，（2）預防砂

〔原案〕

自提倡新教育以來，青年患近視者日多，常從學生集會中徵察及之，而不勝其視病增加速率之大。有一家兄弟姊妹九人，全部患近視，或以為有遺傳關係。然其一患近視者。積此種種覺察，乃考查此近視病之由來。據患此病者自述其青年時期板距離太遠，天天須使用極勉強之目力。（二）臥床閱書。大概上開兩項確不失為養

現我國正提倡國民兵役，而青年多患近視，實為兵役上一大障礙。此病尤不適航空之目的，大有妨礙。既略知此病之由來，不敢不主張從教育上急速努力根絕。

辦法：

擬請教育部通令中小學特別注重眼之衛生。

一、教室學生坐位最後排與黑板間之距離，須依規定標準，不得超過所規定之規定後，訂入各級學校體育及衛生教育實施方案。（須同時規定黑板寫字

黄炎培和江恒源等人提出的《学校急宜注重眼之卫生案》。

这是一个在特殊的时期、特殊的形势下召开的一次特殊的教育会议。

出席第三次全国教育会议的有教育部、各省（市）教育厅（局）及有关学校的负责者计60余人，黄炎培作为教育部部聘专家出席，并和程其保担任初等教育组召集人。在会上，他对中学三三制和六年一贯制多次发表意见，并和江恒源、顾树森、吴俊升等人提出《学校急宜注重眼之卫生案》。在该案中，他认为，近年青年患近视的日多，在中国正值提倡国民兵役之际，“实为兵役上一大障碍”，尤其“不适于航空技能之练习”，所以，应该“从教育上急速努力根绝”。他建议：一方面，请教育部通令中小学，特别重视学生的用眼卫生；另一方面，学校中，“教室学生坐位最后排与黑板间之距离，须依规定标准，不得超过所规定之最大限度”；“严禁中小学学生卧后阅读，由担任训育管理之教师特别注意，并为时时说明此举易伤目力之危险”；“其他关于

目力之保护,应由小学校长教师与一般卫生同样注意"。[1]此外,黄炎培还和江恒源、廖世承、程其保、张凌高、林砺儒、王星拱、胡庶华、李书华、蒋梦麟、周炳琳、陈裕光、陈时、欧元怀、吴南轩、朱经农等计21人,临时动议《在抗战建国大时代中教育上应特殊注意之事项案》。该案提出"在正课以外,可视学生学力之所及,设战时讲座或战时讨论会之类,收集关于抗战图书、报纸、杂志,由学校当局敦请本校教师或校外专家或有相当经验者主讲或领导讨论。其内容除战事消息外,尤宜注意于敌方状况,国际情势","各部门课程,应收集直接间接有关抗战之重要资料作为补充教材"。[2]

2. 参与"推进师范教育运动周"

在国民政府制定的《战时各级教育实施方案纲要》中,规定"应特别重视师资的训练",并要求从速规定各级学校教师的资格审查与学术进修办法。此后,国民政府又制定了新的师范教育制度,以加强师资培养,并在1938年10月20日,于重庆组织召开全国高级师范教育会议,规划高等师范教育的发展。1940年3月,国民政府教育部颁行《国民教育实施纲领》后,在校师范生的职责又由学校扩展到社会,即"师范生不仅须成为儿童之师保,且须成为成人之导师,不仅须负担师范教育之责任,更已进为建国之基干"。1941年4月,国民党第五届中央执行委员会第八次全体会议又提出"师范教育是国民教育之母",强调促进师范教育的发展。为了促进全社会对于师范教育的重视,坚定从事师范教育者的信念,并使在校的师范生明确自身所负的职责,教育部遵照此次会议的要求,确定从1942年起,每年的3月29日至4月4日为"推进师范

---

[1]《第三次全国教育会议报告》,国民政府教育部1939年编印,第339~340页。
[2]《第三次全国教育会议报告》,国民政府教育部1939年编印,第358页。

教育运动周"，发动各省市教育行政机关召集师范学校同时进行，冀以唤起全国广大社会人士和一般青年对师范教育重要性的认识。应该说，抗战时期，国民政府十分重视师范教育。而1942年起实施的"推进师范教育运动周"，则是一个重要体现。此时的黄炎培积极响应并参与了该项活动。

1942年3月29日至4月4日，第一届"推进师范教育运动周"在重庆举行。4月2日，即"运动周"的第五天，教育部特在重庆中央图书馆举行"师范教育座谈会"，讨论问题有三："如何增加师范生来源"、"如何改进师范生训练"、"如何确立计划的师范教育"。黄炎培和教育部次长顾毓琇以及左舜生、潘公展、雷震、程其保、章益、杨卫玉、谢循初、陆殿扬、陈东原、陈礼江等50余人出席，作为会议主席的顾毓琇在会上发表讲话，强调师范教育的重要性。而黄炎培则在会上就改进师范生的物质待遇、如何尊师重道、如何救济师荒等作了发言。就如何增加师范生来源的问题，黄炎培说，增加师范生来源最有效的办法"自然必须从改善物质方面去解决"；而"物质增加权不在教育界而在教育界以外，因为这必须要各界赞助，方能收效"；要设法使各方面都认识到师范教育的重要，同情师范教育。在会上，黄炎培还当众宣誓，除了"因公离开重庆的时候，决定每天义务教课一小时，如政府调服'教役'，我绝对尊重命令，决不推诿"。[1]

顾毓琇。

---

[1]教育部中等教育司编：《师范教育讨论集》，国民政府教育部中等教育司1942年编印，第6—9页。

对职业教育理论的新探讨和实践

战时，虽然黄炎培认为职教社的任务已经有了根本的改变，但是，职教社和职业教育在他心中的地位仍举足轻重。针对新的形势的变化和要求，黄炎培对职业教育进行了新的探索，同时，继续开展职业教育实践。对于职教社和职业教育，他永远有着不了情！

1. 参加第十六届全国职业教育讨论会

全国职业教育讨论会可以追溯到1921年。是年8月17日，中华职业教育社组织的全国职业学校联合会（1922年7月更名为"中华职业学校联合会"）在上海成立。联合会成立后，自1922年起，每年举行年会一次（1927年除外），且除第七届和第九届外，均与职教社年会同时举行。其中，1929年8月于杭州举行的第七届年会上，与会代表有鉴于一些乡村改进会和职业指导所的加入，遂议决改名为全国职业教育机关联合会；1931年7月，在江苏省镇江市召开的第九届年会上，与会代表又议决本次会议改称为第九届全国职业教育讨论会，藉扩大范围，以达集思广益之效。从1932年至1937年，在中华职业教育社举行第12至17届社员大会期间，先后举办了第10至15届全国职业教育讨论会。此后，因抗战爆发，全国职业教育讨论会未能例行举行。

1942年8月5日，第十六届全国职业教育讨论会在重庆国立中央工业专科学校召开，共有来自国内的职业教育专家及各省（市）教育厅（局）、各级职业学校29个单位的50余名代表与会。此次会议会期三天，经与会代表推荐，黄炎培、章益、钟道赞、邹树文、刘大钧、魏元光等担任主席团成员，黄炎培为

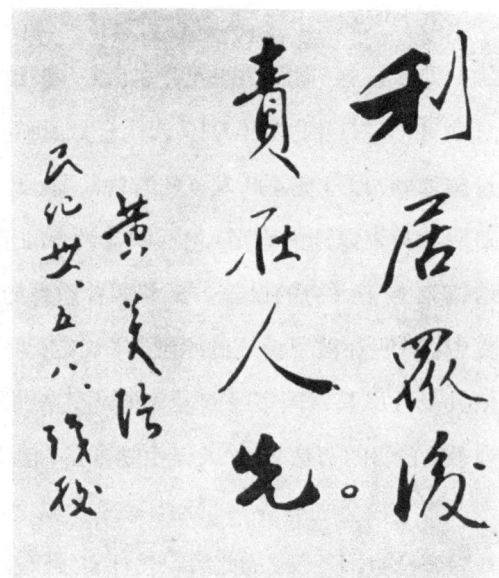

1942年5月8日，黄炎培书赠中华职业学校同学。

大会主席。在开幕式上，黄炎培发表讲话，报告了历届会议的经过，并对职教社致以最大的愿望。他说，抗战要求发展职业教育，然而，在这方面，职业教育对于抗战新要求的满足做得还不够，所以，如何满足抗战的新要求，这不仅是我们今后的责任，也是我们这次会议讨论的中心；而要达此目标，促使职业教育的发展，又必须深刻地研究职业教育的理论与方法。不仅如此，黄炎培还希望职教社同人，要将眼光放远，不仅要看到战时，也要考虑到战后，因为"战后职业教育的使命比现在更大，更应以新精神来达到新使命"。[1]此外，黄炎培还在会上提出临时动议《〈职业教育设施纲领〉应如何推行案》。

---

[1]黄炎培：《致词》，见中华职业教育社编：《职业教育设施纲领》，中华职业教育社1943年印行。

第十六届全国职业教育讨论会最后通过了修正的《职业教育设施纲领》。该"纲领"最早由职教社在1922年5月制订,此后在1924年7月、1926年10月、1928年7月和1931年7月曾四次修订,目的是改造职业教育理论,建立新的设施原则,以适应不断发展的时代需要。此次修订的《职业教育设施纲领》对职业教育设施的原则(包括职业教育的定义、目的、分类及其在学制上的地位)、职业教育的设施方式和职业教育的设施标准等,均有明确的规定。其中在"职业教育设施的原则"中规定:职业教育乃是"用教育方法使人人依其个性尽其对国家民族及人群之义务,同时获得生活的能力和乐趣";职业教育的目的乃是"为个人谋生之准备(使无业者有业,有业者乐业)","为个人服务社会之准备","为国家及世界增进生产力之准备"。[1]无疑,《职业教育设施纲领》成为此后职教社实践职业教育的重要纲领性文件。

2. 对职业教育理论的探讨和总结

第十六届全国职业教育讨论会后,黄炎培对职业教育抱以极大的热情。这期间,他对战时职业教育作了一系列理论探讨和总结。

1943年4月中旬,黄炎培根据为中华职业教育社事务管理训练班所讲内容,作《职业教育的基本理论纲要》,文章基于人生观的认识和时代的要求,对职业教育的内涵和使命作了新的阐释。

1945年元旦,黄炎培在重庆南温泉开始撰写《中华职业教育社今后五年间建设大计》,后于5月1日发表在《教育与职业》第200期。这一职教社的发展计划,计分十七个部分:"总社之位置与附属机关之分布""社之主要附属事业——中华职业学校""农村教育之试办""职业指导之研究与实验""研

[1] 全国职业教育讨论会:《职业教育设施纲领》,载《教育与职业》第197期,1943年1月。

究系统之建立""出版及发行""社员征募与
联络之专责""总社与附属机关任务之分担"
"总社与附属机关之联系""社与附属事业之
联系""会计制度之自成系统""人才之需要
与供给""经费之来源""对政治的联系""临
时任务——战后复员之协助""临时任务——
深入民间""临时任务——难胞救济"。[1]是
月,职教社举行理监会会议,通过了常务理事
黄炎培草拟的《中华职业教育社今后五年间建
设大计》。由于该《建设大计》草拟于重庆南
温泉,故简称"南泉大计"。

　　1945年3月3日上午,职教社在重庆张家花
园职教社礼堂召开当年第一次工作检讨会,黄
炎培和杨卫玉、贾观仁、喻兆明、俞颂华、尚
丁等26人出席。会议认为,这次会议的重要意
义有三:"一是如何来切实厉行五年间建设大
计;二是如何研究本社事业的改进,以适应时
代的需要;三是我们要把检讨会当作平时工作
看,平时工作也要有检讨会的精神。"在会上,
黄炎培指出,检讨会的"检讨"类的名词有"考
虑""研究""检讨",工作检讨的重心是批评
过去,策励未来,希望大家尽量批评事实,论

《教育与职业》上刊登的《第十六
届全国职业教育讨论会专辑》。

黄炎培所拟的《中华职业教育社今
后五年间建设大计》。

---

[1] 黄炎培:《中华职业教育社今后五年间建设大计》,
　　载《教育与职业》第200期,1945年5月。

事不论人,而被批评者也应虚心接受意见。

3月25日至27日,社会部邀集社会科学及教育专家50余人,商讨战后社会安全计划,其中就关于增加就业一项,黄炎培和喻兆明、萧孝嵘、杨卫玉等人在分组委员会上讨论拟定了《职业训练原则》。4月11日,黄炎培又参加了教育部职业教育讨论会。4月12日,《教育与职业》杂志于重庆张家花园比乐堂召开第200期座谈会,黄炎培和杨卫玉、廖世承、钟道赞、何清儒、魏元光、秦翰才、尚丁等15人与会。黄炎培在会上发言。他说:1917年~1926年为中国职业教育的草创时期,1927年进入推行时期;在推行时期,职教社在学校职业教育外,于职业指导、职业补习教育、农村教育的施设和研究方面,均有相当发展,特别是职业补习教育,更为政府之借镜。"九一八"事变后,职教社的服务精神,不免分一部分于直接救国工作,故"九一八"事变后为第三时期,这期间,"本刊的中心工作是配合抗战,发展国力";到抗战行将结束,职教社同人更"认为唯有加紧发展职业教育,利用双手万能,才能完成建国的使命"。[1]

3. 积极从事职业教育的办学实践

在对职业教育进行理论探讨和总结的同时,黄炎培还不时地从事着职业教育的办学实践。

如四川办事处成立后的第二天,即1938年10月11日,职教社设在重庆的新的中华职业学校开学。学校开办后,黄炎培对之十分关心,多次到学校指导。1942年11月7日,黄炎培参加职教社董事会。鉴于中华职业学校早经教育部核准改为职业专科学校,会议决定即日改组中华职业学校,推定江恒源为

---

[1]《本刊第二百期纪念座谈会纪录》,载《教育与职业》第200期,1945年5月。

中华工商专科学校校门。

校长，黄炎培和杨卫玉、贾观仁、陈重寅为筹备委员。

1942年8月，黄炎培和陆叔昂（即陆培亮）、贾观仁、葛荫培赴灌县筹设农村职业学校，之后，他广泛联系社会各界人士，得到了沈钧儒、刘航琛的鼎力相助，和川西绥靖公署主任邓锡侯、四川省主席张群、西康省主席刘文辉、四川省教育厅厅长任觉伍等人的支持。9月，学校定名都江实用职业学校，由黄炎培任董事长，刘航琛任副董事长，康心如、何北衡、潘昌猷、石竹轩、邵从恩为常务董事，聘陆叔昂为校长。1944年2月17日，都江实用职业学校在灌县丰都庙正式开学，40名学员入学上课，由沈肃文为校长。在开学典礼上，黄炎培发表了热情洋溢的讲话。他说，设立都江实用职业学校的目的，就是要使受教育者不出农村，不离生产，并特别以"理必求真，事必求是，言必守信,行必踏实"四语勖勉学生,号召大家发扬李冰精神,努力学习科技知识。此后,黄炎培一直关心着这所为农家子弟和贫寒学生所办的职业学校。抗战胜利后,遵他的意见,都江实用职业学校移交灌县政府接办,由私立改为县立。

　　1943年5月,鉴于抗日战争的形势向着有利于中国方面发展,为了培养战后所需要的高级专门人才,且当时中华职业学校每每感到不能胜任技术人才的培养,职教社决定在重庆筹办中华工商专科学校,聘请张群、黄炎培、宋汉章、陈光甫、钱新之、张嘉璈、杜月笙、江恒源、杨卫玉等为校董。校董会公推张群为董事长,黄炎培为副董事长,江恒源为校长。9月,中华工商专科学校正式开办。该年招收新生150名,其中工商管理科120名,机械科30名。聘有教授杨荫溥、王元照、狄膺等33名,特约教授王云五、潘序伦、章乃器等15名。统计在重庆两年半间,共毕业学生200余人。抗战胜利后,学校于1946年6月迁至上海,并增设会计、银行两科。

十　抗战后的活动

1946年11月12日，周恩来、黄炎培、郭沫若、沈钧儒合影。左一为黄炎培。

倡导和平，反对内战

1. 胜利了，痛定思痛

1945年8月10日晚，国民党中央广播电台反复播送着一条惊天动地的消息：日本政府向同盟国发出求降照会，接受《波茨坦公告》。第二天，黄炎培和张澜、江恒源、冷遹等在参加参政会组织的游行活动时，喜极而泣，他们"拥抱接吻"，状如儿童。游行结束后，黄炎培于当日即兴赋诗一首，其中曰：

昭和终入降王伍，墨诛希毙彼宜虏。求降一电出江户，其年一九四又五。八月十日之上午，山城狂欢我惨凄。寡妻孤子野哭迷，九一八后那忍说，如山白骨谁肉之？日月重光旦复旦，和平之旗今灿烂！[1]

8月15日，日本宣布无条件投降，艰苦的八年抗战结束了！抗战终于胜利了，这让无数的中国人喜悦。然而，此时此刻的黄炎培，在喜极而泣的同时，其内心深处涌出的情感是对挑起这场灭绝人性战争的罪魁祸首的无比憎恨，是对无数为了这场战争胜利而献出宝贵生命的战友、亲人和同胞的深深怀念。他说，这"胜

---

[1] 黄炎培：《黄炎培诗集》，中国文史出版社1987年版，第203页。

利"两个字,是怎样得来的呢? 是"用什么来写的"? 它是用"千千万万人的血,千千万万人的汗,千千万万人的泪"写成的。[1]

为了让无数的人记住日军的暴行,怀念死难的同胞,黄炎培多么希望在抗战胜利后,国家能够尽快医好战争创伤,尽快走上民主建国的道路啊! 于是,9月2日,他写了《胜利了,痛定思痛》一文。这篇发表在9月15日出版的由《中华论坛》《中学生》《文汇周报》《民主世界》《民宪》《再生》《东方杂志》《国讯》《新中华》《宪政》联合发行的《联合增刊》第1号中的文章,十天后亦刊于《国讯》第398、399期合刊,并于10月16日被《文萃》第2期转载。文中,他在表达对可能爆发的内战的担心和忧虑的同时,更对团结、和平建国怀着极大的期望。

2. 渴望和平

抗战胜利后,黄炎培和众多的有识之士一样,在欢呼雀跃的同时,也在认真地思考:中国应该走一条什么样的建国之路?

1945年8月16日,中国民主同盟发表《中国民主同盟抗战中的紧急呼吁》,提出民主统一,和平建国。可以说,作为一个由民主爱国人士组织的政治团体,民盟的主张在相当程度上反映了全国人民的心声。

中国共产党坚持从和平、民主、团结的原则出发,同样主张和平统一,民主建国;然而,蒋介石却摆好架势,准备发动内战,全力对付共产党。由于内战不得人心,于是蒋介石假作和平姿态,在8月14日、20日和23日三次电邀毛泽东赴重庆洽商国是。为了争取和平,毛泽东以大无畏的气概决定赴重庆谈判。

---

[1]黄炎培:《胜利了》,载《国讯》第400期,1945年10月。

1945年毛泽东赴重庆谈判时与蒋介石等人合影。

8月25日，中国共产党发表《对目前时局的宣言》，主张必须坚持和平、民主、团结，为建立独立、自由与富强的新中国而奋斗！8月28日下午，毛泽东飞抵重庆，黄炎培和张澜、沈钧儒、左舜生等到机场迎接。

对于毛泽东来到重庆参加国共谈判，黄炎培非常高兴，并对谈判充满了期望。他说，中国共产党的领袖毛泽东先生应蒋主席的邀请，来到重庆了，这是一个"好消息"；同时，"这又是一个好机会，我们该怎样呢？我们愈要说话"。[1] 在此，黄炎培无疑表达了他反对内战、渴望和平的愿望，表明了自己对调和国共两党使之团结建国的决心。

[1] 黄炎培：《胜利了，痛定思痛》，载《国讯》第398、399期合刊，1945年9月。

国共谈判时国民党方面谈判代表张群。

　　正是出于对反对内战、渴望和平的强烈愿望，正是出于调和国共两党使之团结建国的决心，在毛泽东于重庆参加谈判期间，黄炎培和毛泽东、周恩来等中共领导人多次接触，不失时机地表达自己对谈判的看法。如9月2日，当民盟在"特园"举行午宴欢迎毛泽东、周恩来、王若飞时，作陪的黄炎培等民盟人士，与他们就时局问题进行了亲切交谈；9月5日，黄炎培和7月间曾访问延安的章伯钧、左舜生、傅斯年、冷遹等设宴招待毛泽东、周恩来、王若飞，和他们交谈国共两党关于军事等问题的商谈情况；9月10日，周恩来、王若飞设宴招待黄炎培、张澜、沈钧儒等人，周恩来向黄炎培等通报了十余天来的谈判情况；9月11日，毛泽东、周恩来、王若飞设宴招待黄炎培、张澜、沈钧儒等，就促进国共团结交换了意见；9月25日，张群、张治中、邵力子设宴招待周恩来、王若飞及黄炎培、张澜、沈钧儒等人，黄炎培特别提出，应该一面继续商谈，一面着手组织政治会议……

　　经过43天的谈判，10月10日，国共两党双方代表签订了《政府与中共代表会谈纪要》（"双十协定"），确定以和平、民主、团结、统一为基础，建立独立、自由和富强的新中国。

3. 积极参与反对内战的活动

"双十协定"的签订为民主统一、和平建国确立了重要基础。然而，"双十协定"墨迹未干，1945年10月13日，蒋介石即发出密电，令遵照他所谓的"剿匪手本"，"督励所属，努力进剿"。随即，国民党军队开始向解放区发动进攻。

黄炎培对国民党蒋介石背信弃义、挑起内战的做法非常气愤，他逐渐看清了蒋介石假和平、真内战的面目。在愈来愈信任共产党的同时，他也更加竭力地反对内战，主张和平。

10月26日，在国民参政会驻会委员会第八次会议上，黄炎培提议，在国民党"收复区"各省市县，速组织复员委员会，并就秩序未定地方简派大员，巡视慰问，务期明了民间疾苦以及纠纷之真相。10月30日，鉴于事态日趋严重，黄炎培分别致函国民党代表张群、张治中、邵力子和共产党代表周恩来、王若飞，提出"请中央及中共双方电令部队，务各立即停止冲突，听候解决；从速组织调查团，包括代表中共方面人员及第二方面人员，前往发生冲突地点，会同调查真相，或就地商决，或电报中央商谈解决。至一切基本问题，恐须有待于政治会议，此会议必须早日召集，藉以协商国是，安定人心"。[1] 与此同时，他在《老百姓再不能流血了》一文中，再次提出，内战不仅是人们一致反对的，而且是绝对不应该有的，我们必须救救苦战八年一息仅存的老百姓，他们在那里嚷着："为什么还要我们流血呢？为了八年抗战，血早流干

---

[1]《黄炎培先生致国共两党代表函》，载《国讯》第401、402期合刊，1945年11月。

了，还有什么血给人们流？天啊！可怜我们吧！我们再不能流血了！"黄炎培从内心里希望着"救救苦战八年一息仅存的老百姓"吧！虽然，现实让他为之忧虑，但他还是充满希望：老百姓不再流血，"会有这样一天的"。[1]

11月6日，《新华日报》在头版头条用大字标题报道：《国民党百万大军进攻解放区》，全国震动！

11月8日，由黄炎培任发行人的《宪政》杂志社，和《民主》《中华论坛》《东方杂志》《民主世界》《再生》等27家杂志社发表联合声明，表示"要和平，不要内战"。11月10日，民盟召开中常会，黄炎培和张澜、沈钧儒等人与会，针对当前的严重局势，商谈组织发起举行反内战大会，并推定由黄炎培主其事。11月15日，重庆各界反内战筹备会举行会议，公推黄炎培主持反内战大会，会议讨论了反内战大会的举行事宜。

11月18日，《国讯》社发表《我们需要和平》的社论，提出"我们现在不仅需要国内和平，同时亦需要国际和平"；"我们要向着拥护并促进国内与国际和平的正确方向努力前进"。11月19日，黄炎培和张澜、沈钧儒等联合22个爱国团体，在重庆西南实业大厦集会，成立陪都各界反对内战联合会，召

著名爱国民主人士沈钧儒。

---

[1] 黄炎培：《老百姓再不能流血了》，载《国讯》第401、402期合刊，1945年11月。

开反内战群众大会，各界人士500余人与会。大会决定：呼吁工人罢工，学生
罢课，商人罢市，以实际行动反对、制止内战，并强烈反对美国武装干涉中
国内政。会上，郭沫若、陶行知等人发表了反对内战的讲话，而黄炎培更是
激情地报告了大会筹备的目的和经过，并请尚丁宣读了他当天刚刚写就的长
诗——《一线希望在那里（为反对内战作）》。诗共四段，摘要于下：

　（一）

天天在商谈，天天在打仗。

高头在亲亲切切地谈，

底下在劈劈拍拍的打。

……

早已打得不可开交了，

还在那里喊着，

要和平，要团结，要建国，要富强。

……

　（三）

真该死

打罢了敌人，倒来打自己。

几百万士兵，九死中得留一生。

早八九年不得返家乡了，

难道还不许他们拜拜爹娘，

见见兄弟。

千千万万老百姓的血早流够了，

难道对着家里人，

还要赶他们再投入炮火中间，

化个无名的冤鬼。

……

（四）

一线的希望在那里？

说来，说去，

空话有什么用处？

昨日种种都可以宽恕，

从今以后，要互让，要互助。

天下不是一人的，不是一家的，

第一个口令，"枪放下"，

让自己来打开门户。

……

看谁来得进步。

谁得老百姓同情，谁来，

得不到同情，去！去！

这是一条最光明的大路。

我们反对内战，

我们绝对反对内战，

我们所要求，基本的要求，

是什么？是民主。[1]

重庆召开反内战群众大会后，全国性的反内战运动如火如荼。然而，全国人民的反内战运动却遭到了国民党的严厉镇压。特别是在11月25日，昆明

---

[1] 黄炎培：《一线希望在那里（为反对内战作）》，载《国讯》第403期，1945年12月。

六千余名大中学生举行反内战时事晚会,当西南联大教授费孝通、闻一多、钱端升等人发表反内战演讲时,国民党军队极力阻挠,随后昆明三万多名学生联合举行总罢课。12月1日,国民党军警竟冲进西南联大等学校,酿造了师生十数人伤亡的"一二·一惨案"。12月7日,在国民参政会驻会委员会第十一次会议上,黄炎培专门提出议案:"请政府特派大员助查昆明学生及教员因反对内战在校开会惨遭伤害、究明凶犯依法严惩以重人道而伸国法案";12月10日,身为陪都反对内战联合会理监事的他更是亲往参加公祭"十二·一惨案"四烈士。

"一二·一惨案"激起了全国人民对国民党当局的极大愤慨,同时也更激发了黄炎培反内战的热情和对民主的渴望,他深深认识到,必须坚决停止内战,广大人民才能免遭厄运,和平建国之目的才能达到。黄炎培的这一认识,正如是年12月24日陪都各界反对内战联合会的主要成员在致中国共产党领导人毛泽东的函中所指出的:"商谈纪要甫告发表,而内战已突然爆发,人民于水深火热之余,复遭妻离子散之祸,惨痛之情,何难想见! 同人等认为以政治解决政治,其势甚顺,而其道亦不甚难,凡会谈纪要中所已决定之事项,协力促其实行,其未决定之事项,由政治协商会议商讨决定,则一切纠纷即可迎刃而解。时至今日,万不宜诉诸武力……务希即行停止武装冲突,促进政治协商,以贯彻和平建国之大义。国人幸甚,同人幸甚。"[1]

1946年1月5日,国共两党终于达成了《关于停止国共军事冲突的协议》;1月10日,又签署《关于停止冲突恢复交通的命令和声明》,并发布停战令,定从1月13日二十四时生效。对于停战令,周恩来曾发表文章指出,它的颁布,"主要应归功于全中国人民的要求与督促"。这其中,自然也包括黄炎培在内的众多民主人士的要求和督促!

---

[1]《陪都各界反对内战联合会致函毛泽东同志》,载1945年12月26日《新华日报》。

倡导民主，力争自由

1. 发起成立民主建国会

　　1945年11月28日，民主建国会在重庆迁川工厂联合会举行第一次筹备会，约30人与会，黄炎培和胡厥文、章乃器等15人被推举为筹备干事；12月7日，第二次筹备会又在迁川大厦举行，黄炎培和胡子昂等51人与会，会议由黄炎培主持，决定12月16日举行成立大会。12月16日，民主建国会在重庆西南实业大厦举行成立大会，出席会议者134人。在会上，黄炎培报告了民主建国会的筹备经过，提出，民主建国会将站在民众的立场上，完全依靠民众，反对

《新华日报》刊登的民主建国会成立消息。

一切有害于民的行动。在会议通过的《民主建国会成立宣言》中说："我们这一群人，都有自己的工作岗位，并不需要玩弄政权以发展自己的抱负"；"我们愿以纯洁平民的协力，不右倾，不左祖，替中国建立起来一个政治上和平奋斗的典型"。[1]12月19日，在第一次理、监事会上，黄炎培和胡厥文、章乃器、杨卫玉、孙起孟等人当选为常务理事。

12月26日，民主建国会第二次常务理事会决定出版《平民》周刊，作为民主建国会的机关刊物，黄炎培和胡厥文、黄墨涵为发行人。该刊从1946年1月创刊，到3月终刊，共出版四期。与此同时，黄炎培通过民主建国会，不时地为民主奔波。如1946年1月14日，他和章乃器、胡厥文、孙起孟、章元善等专门拜访美国总统特使马歇尔，向他阐明了民主建国会的政治主张，希望美国能够对中国的政治民主化给予支持。

1946年10月，民主建国会又编印出版了不定期的刊物——《民讯》，至1949年10月，也是共编印出版了四期。和《平民》一样，《民讯》除刊登民主建国会的有关文件和消息外，还发表了抨击国民党腐败独裁统治以及倡导民主的文章。如在《民讯》创刊号上，就发表了黄炎培所写的《我们努力的基本观念》一文。黄炎培在文中指出，民主的呼声，"既经呼了出来，只有一天高一天，一天广一天，要消灭它，是不可能的"。

2. 参加政治协商会议（旧政协）

国共两党签订的"双十协定"，决定"召开政治协商会议，邀请各党派代表及社会贤达协商国是"，并商定了出席的单位和代表名额：国民党9人，共产党9人，民盟9人，社会贤达9人，共36人。

---

[1]《民主建国会成立宣言》，载《平民》第1、2、3期合刊，1946年1月。

1946年1月10日，即"停战协定"签订的当天，由国民党、共产党、民主同盟、青年党、社会贤达五方面代表共38人参加的政治协商会议在重庆国民政府大礼堂开幕。黄炎培和张澜、罗隆基、张君劢、张东荪、沈钧儒、张申府、梁漱溟、章伯钧作为民盟代表参加了会议，并和董必武、陈布雷、王若飞、张申府、李烛尘、傅斯年等人分在施政纲领组。会议期间，黄炎培多次提出有关民主、和平的建议。

如1月15日，讨论共同纲领问题时，黄炎培发言建议，应成立起草委员会，"多征求人民意见"，"赞成用《和平建国纲领》"；1月16日，他和张澜、梁漱溟、罗隆基、沈钧儒、张申府、张东荪、张君劢、章伯钧代表民盟提出《实现军队国家化并大量裁兵案》。此后，在参加的施政纲领组中，黄炎培又参与起草了作为"宪政实施前施政之准绳"的《和平建国纲领》，并多次参加该组会议，讨论共同纲领和修改宪章问题。特别是在1月19日讨论修改宪章时，他

罗隆基、沈钧儒、章伯钧（自右向左）。

提出七点意见，其中第一、第二点为："国家经八年抗战，人民对民主要求普遍全国，中国又处于国际新环境中，这一内外形势的变化，都应予修改宪草时顾到；""研究宪草态度，要绝对客观。"[1]

然而，在政协会议召开期间的1月26日上午，四名荷枪实弹之徒闯进黄炎培住宅——张家花园五十号菁园，说奉上级命令搜查枪支。事件发生后，民盟首先作出反应，认为：这不仅是黄炎培的个人问题，也不只是民盟的问题，而是关乎全国人民基本自由的问题；当兹政协会议还没有闭幕，蒋介石"四项诺言"言犹在耳之时，身为政协代表，而其居室竟遭骚扰，实是"对民盟代表及政协会议的一大污辱"，诚为不可想象之事，如若这样，人民的自由安有保障？！

于是，民盟主席张澜立即召开紧急会议，决定严正交涉；黄炎培并致书蒋介石，请予以坚决查究。1月26日下午，黄炎培和章伯钧在赶往参加的政协会议综合小组会议上向与会者说明了事情经过，代表们均甚为愤慨。在会上，黄炎培提出三点意见：第一，此事关系虽大，但不愿妨碍大局；第二，要求政府应予所有政协会议会员以安全保障；第三，政府应立即颁布《人权保障法》，彻底保障人权。

1月27日，《新华日报》以《军警宪兵特务竟搜查黄炎培住宅》为题，对事件作了详细报道，并专门发表了名为《实现人民身体和居住自由》的"社论"，其中言道："直到现在，人民身体自由还没有保障。妨害身体自由的非法行为，几乎天天都在发生"，并特别举出1月26日黄炎培住宅被搜查之例。"社论"认为："这决不是'查户口'三个大字所可掩饰，而显然有其不可告人的目的。我们不能不对此提出严重抗议。这是对黄炎培先生的污辱，也是对政治

---

[1]中国民主同盟中央文史资料委员会编：《中国民主同盟历史文献（1941～1949）》，文史资料出版社1983年版，第135页。

协商会议的污辱。我们要求当局立即查明肇事祸首，予以严惩"。[1]同日，黄炎培和张澜、梁漱溟、章伯钧、张君劢、张申府、张东荪、沈钧儒、罗隆基共同致函国民政府代表：对于黄炎培住宅被搜查一事，"实深惶感"，除以联名函陈蒋介石，静候宣示办理情形外，同人一致认为暂时不能出席政协会议的小组会议及大会。在各方面的强烈要求和抗议下，国民政府不得不答复，对于黄炎培先生的住宅被"检查"之事，交由"主管机关切实查究，以重法纪"。

1月31日，政治协商会议闭幕，黄炎培代表施政纲领组，在闭幕式上作了报告。他强调，希望政府制定侵害人权治罪法，成立人民自由保障委员会，赞成立法委员会应该由人民选举产生，主张教育须与民生主义配合。参加完政协会议，黄炎培于2月4日飞往上海，此时，距1937年11月7日离沪，已近八年又三月了。

政治协商会议最终通过了《关于政府组织问题的协议》《和平建国纲领》《关于国民大会问题的协议》《关于宪法草案问题的协议》和《关于军事问题的协议》，从而否定了国民党一党专政和相关的内战政策，其中对一些相关问题的解决，正如周恩来在闭幕式上的致词中所说，乃"是为中国政治开辟了一条民主建设的康庄大道"。[2]黄炎培非常高兴，因为他看到了和平的希望和光明的前途！不过，他知道，前面的道路还很曲折。于是，2月23日，黄炎培和沈钧儒、张君劢等联合发表《对时局的主张》，力主和平，反对内战；3月1日，他又将自己在复旦大学的演讲记录作了整理，取名《求民主的到来》，在《大地》杂志第1卷第2期上发表，极力号召在抗战胜利后，实施真正的民主！

---

[1]《社论：实现人民身体和居住自由》，载1946年1月27日《新华日报》。
[2]《中共代表周恩来致词》，载1946年2月1日《新华日报》。

调解国共，悼念李、闻

1. 调解国共

和平的路程是漫长而艰难的。1946年2月10日，国民党反动派制造了"较场口血案"；3月1日至17日召开的国民党六届二中全会，通过《对于政治协商会议之决议案》，公开推翻政协会议关于宪法原则的协议，继续坚持独裁；3月27日，虽然在黄炎培等民盟成员的调解敦促下，国共两党签订了《调处东北停战的协议》，但国民党却继续在东北部署大量兵力；5月初，国民党政府还都南京后，继续扩大东北内战。5月22日，鉴于"东北停战签字逾五十日，而双方激战未已，外失盟邦友情，内失全国人心"，黄炎培和张君劢、沈钧儒、章伯钧、梁漱溟联合致函国共两党领导人蒋介石、毛泽东："同人宁愿今日死于公等之前"，不愿见到"双方激战"，"吁请即刻停战"。[1] 然而，蒋介石不仅置之不理，更于6月26日悍然撕毁"停战协定"和"政协协议"，以30万军队大举进攻中原解放区，发动全面内战。这使得黄炎培和众多的爱国民主人士一样，进一步认识到国民党坚持独裁的本质和挑起内战的阴谋，他决心更加努力，继续为反对内战、实现民主而疾呼、奋斗！

---

[1] 中国民主同盟中央文史资料委员会编：《中国民主同盟历史文献（1941~1949）》，文史资料出版社1983年版，第170页。

2. 悼念李、闻

由于广大民主人士主张和平, 反对内战, 国民党对民主人士恨入骨髓。在继续扩大内战的同时, 极力加强法西斯统治, 逮捕、暗杀民主人士, 血腥镇压和平民主运动。这其中, 尤以暗杀著名爱国民主人士李公朴、闻一多最为引人瞩目。而黄炎培等对李、闻的悼念, 本身就是对民主的追求!

1946年7月11日晚, 李公朴遭国民党特务暗杀, 次日凌晨不治身亡, 激起各方人士的极大震惊和愤慨。当黄炎培从报纸上看到李公朴被暗杀的消息后, 非常哀痛。三天后, 他特地写了《公朴为民主而死, 民主为公朴而生》的文章, 追忆了李公朴的为人和事业。在黄炎培看来, 一个人, 他的一生, 所信仰的主义是正确的, 奉行是真诚的, 那么, 即使他死了, 但他的主义不会死; 其人死得越是惨烈, 那么他的主义就会发扬得越广大、迅速、普遍, 而李公朴就是这样的人。他是为民主而死的, 而民主也必然为公朴而生! 在黄炎培还未从李公朴之死的哀痛中走出来时, 7月15日, 另一位民主人士闻一多也被暗杀。此时, 黄炎培再也忍不住心中的怒火。7月22日, 他和梁漱溟、张君劢、沈钧儒、章伯钧、罗隆基、张申府等民盟政协代表向王世杰、吴铁城、邵力子、陈立夫等上呈《抗议书》, 并请他们转呈蒋介石, 对两位民主战

李公朴。

闻一多。

周恩来为追悼李公朴、闻一多写的亲笔悼词。

士被暗杀表示强烈的抗议。他们说，虽然李公朴、闻一多两位同志被暗杀了，但是，"他们两位是尽了责任的牺牲，精神不死"；"凡是中国为民主奋斗的人民，都必然因公朴、一多两同志的死，因公朴、一多两同志的精神感召，发挥更大的奋斗力量"。[1]

7月28日，在李公朴、闻一多追悼大会上，黄炎培挽：

蒿目时艰，痛公等罹难已成，社会国家之悲惨损失；
伤心永别，感吾侪后死，应为团结民主而加倍辛勤。

此外，黄炎培还和江恒源、冷遹、杨卫玉、沈肃文、孙起孟、范塞峰联合

[1] 1946年7月28日《新华日报》（李公朴、闻一多先生追悼大会特刊）。

挽曰:

> 中华又见战云开,谁为全民请命来;
> 太息神州无死所,玉棺天半怒飞灰。

此后,黄炎培又多次参加了有关悼念李公朴、闻一多的大会。10月4日上午,上海各界追悼李公朴、闻一多大会在天蟾大舞台举行,黄炎培被推举为主席团成员之一,他代表民盟挽曰:"取义成仁,民之主也;青天白日,人可杀乎?"并作挽联,其中道:"二位先生,料不到飞来横祸,都只为呼号民主,受嘲挨骂。民主全民都有利,何烦当局横光火!让青天白日杀人来,不成话。"10月6日,他又代表民主建国会参加了在静安寺举行的公祭李公朴、闻一多大会。

3. 拒绝参加"国大"

1946年10月11日,国民党军队攻下华北重镇、察哈尔省省府张家口,接到"捷报",蒋介石得意忘形。当晚,国民党政府即悍然宣布,将于11月12日召开由国民党包办的"国民大会"。10月12日,黄炎培在日记中写道:"完了,国共和谈从此破裂了。"他沉痛地说:"廿九年以后,为了调解国共纠纷,至今未获返吾原有岗位,至今日国共破裂,已达无可挽回之境地,吾决意不参加此项工作了。"[1]

然而,蒋介石一面积极准备内战,一面却玩弄假和平。10月15日,他派雷震到上海,请民盟出面劝说中共赴南京"和谈"。10月底至11月初,中共代表

---

[1]中国社会科学院近代史研究所整理:《黄炎培日记》(第9卷),华文出版社2008年版,第203页。

团就和平问题与国民党在南京进行了谈判。与此同时，11月12日，民盟中央执行委员会也召开紧急会议，通过了黄炎培所拟《民盟对参加国大问题的态度》文件，决定民盟不参加"国大"。11月15日，由国民党包办的"国大"开幕。"国大"的召开，使得国共两党谈判的大门被关闭。11月16日，黄炎培写下《阴冻》诗一首，其曰："莫道阴霾冻不开，天心终盼一阳回。闭门忍听千家哭，袖手何曾万念灰。"他伤心欲绝："六七年来和平民主运动终于失败。"但他又不甘地仰天叹问："难道和平民主运动真会失败么？"

由于黄炎培拒绝参加"国大"，11月16日，他不得不偕夫人去杭州"避难"。此时，他再次重申了自己在本年8月27日所表明的态度："（一）我不能同意于不统一、不团结之下通过宪法；（二）此路不能通，我不能助朋友走不通之路；（三）欲我离同盟，我不能自毁人格。"[1]对于黄炎培的这一态度，民主建国会重庆分会特地发电报赞曰：

先生中立不依，坚定如常，表真正之民心，留和平之余地，疾风知劲草，富贵如浮云，当为先生咏之。高风亮节，举世盛钦，东望海云，弥增崇敬！[2]

1947年2月3日，民主建国会在上海举行常务会议，黄炎培、施复亮、王却臣、杨卫玉、盛丕华、胡厥文、郑太朴等与会。会议对时局进行了讨论，并通过多项议案。其中，在对宪法意见一案中特别指出："本会既拥护政治决议于前，自不能同意未依政协决议规定程序召开国大所通过之宪法于后。"[3]其实，这也是黄炎培的思想观点。

---

[1]中国社会科学院近代史研究所整理：《黄炎培日记》（第9卷），华文出版社2008年版，第179~180页。
[2]1946年12月26日《文汇报》。
[3]1947年2月4日《文汇报》。

对职业教育的不了情

　　1946年2月，黄炎培返沪后，在继续为团结、和平、民主、统一而奋斗的同时，仍展望并积极践行职业教育，这当然源自他内心那份对职业教育的不了情。

　　1948年10月，黄炎培写了《战后职业教育重估价》一文。他认为，战争结束后，需要生产的恢复和增益，所以对职业教育的需求更大，因此，职业教育在两次大规模的世界战争后，它的价值，只会看高，不会看跌。1949年7月底至8月初，他再写《中华职业教育社过去和未来》，对职教社的未来进行了展望。8月8日，又作《中华职业教育社奋斗三十二年发见的新生命》，8月27日，出版单行本，印1000册，文中，对职教社在新中国成立后的新的发展方向作了阐述。9月12日，作《教育对建国的贡献》，对即将成立的新中国在开展经济建设的同时，于教育特别是职业教育寄予了自己的期望。

　　在从舆论和理论上阐述战后职业教育实施的重要性和必要性的同时，黄炎培还积极开展职业教育实践，这突出表现在比乐中学的创办上。

　　作为中华职业教育社抗战后在上海创办的一所具有职业性质的普通中学，比乐中学的创办源于1945年职教社制订的"今后五年间建设大计"，当时，职教社曾约请专家商讨创办一所试验性的中学，拟在战后成立。抗战胜利后，随着职教社各项工作的渐次恢复，这一试验性的中学也于1946年6月开始筹备。是月29日正式成立校董会，聘请江恒源、杨卫玉、王艮仲、王载非、俞庆棠、俞寰澄、张企翁、胡叔潜、傅守璞、孙仲山、盛丕华、何清儒、孙起孟等10余人为校董，推举江恒源为董事会主席，孙起孟为校长，校名定为"比乐中学"，校址设于雁荡路80号。

　　"比乐"一词取自《易经·杂卦》"比乐师忧"之句。"比乐"意为"亲近故乐"之意，著名爱国教育家马相伯释之为"亲群合众，故得快乐"。1946年9月12日比乐中学举行的开学典礼，由校长孙起孟主持。在开学典礼上，黄炎培作了名为《大家诚诚实实快快活活靠自己的力量来学做人》的致辞，勉励学生。由黄炎培亲自作词的"校歌"这样写道："比乐，比乐，我们有理想在憧憬着，我们有理想在憧憬着。太阳般热是我们的心，钢铁般坚是我们的身，水泥般可合不可分是我们的交情。我们有理想在憧憬着，我们有理想在憧憬

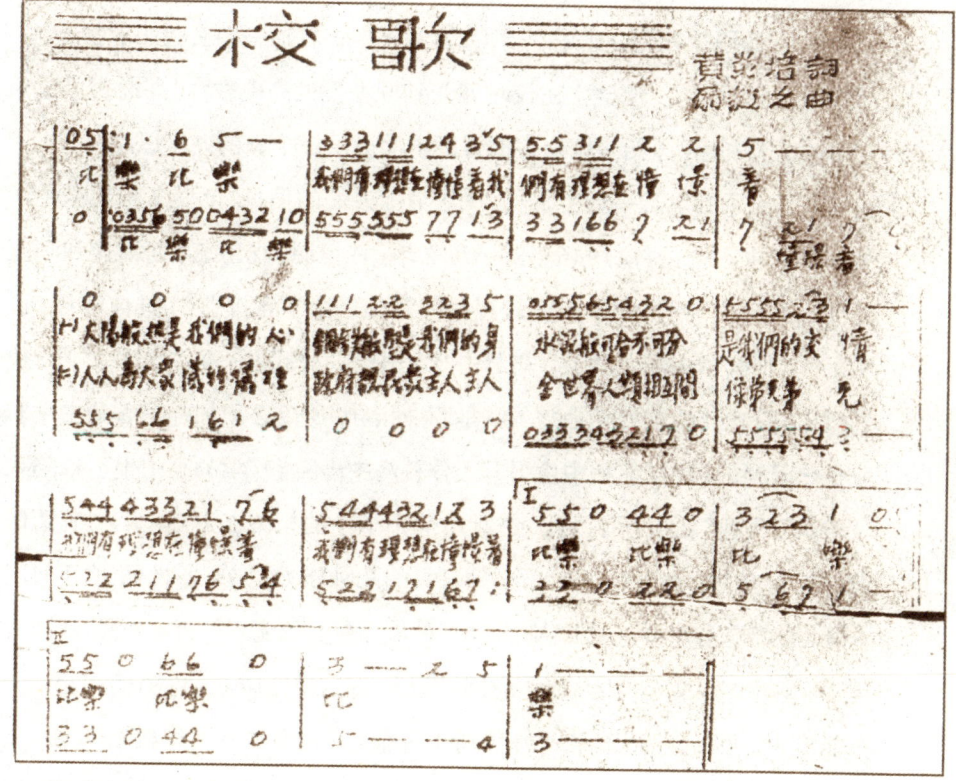

由黄炎培作词的《比乐中学校歌》。

着。比乐,比乐,比乐,比乐,比乐,比乐!比乐,比乐,我们有理想在憧憬着,我们有理想在憧憬着。人人为大众牺牲牺牲,政府视民众主人主人,全世界人类相互间像弟兄弟兄。我们有理想在憧憬着,我们有理想在憧憬着。比乐,比乐,比乐,比乐,比乐,比乐!"所有这些,无疑都是对"比乐"的最好诠释。

比乐中学乃一普通中学,那么,中华职业教育社既已开办了职业学校,何以还要再创办一所普通中学呢?这主要是考虑到当时在初中施行职业指导不易普遍推行,而虽然在高中阶段开展了一定程度的职业指导,但由于当时一般的中学仍多偏重于普通知识的灌输,对于职业智能毫不注意,且不推行日常生活的指导,以致绝大多数无缘升学的高中毕业生在毕业后成为失业"游民"。而职教社创办比乐中学,宗旨就是要在普通中学实验职业指导、生活指导与职业陶冶,让学生在校时就受到职业性的高中教育,并通过借比乐中学的试验和示范,给全国众多的普通中学提供一个新的办学思路。

由于比乐中学乃一新生事物,为了消除人们的偏见,更为了给比乐中学的办学提供一个指针,1946年8月,黄炎培、江恒源、杨卫玉、何清儒和孙起孟五人共同拟定了《中华职业教育社创设比乐中学意旨书》,具体解释、说明了"为什么办比乐中学"、"怎样办比乐中学"等问题。在"意旨书"中,他们提出,职教社的重要使命之一就是职业指导,所以必须加强对普通中学职业指导问题的探讨,使初中生得升入分科高中,不能升学的高中生不致陷入"毕业即失业"的窘况。为此,必须培养中学生的相关能力,因为,"所谓职业,除开专门技术以外,有通常必须备具的几种能力,如果备具了,怕任何职业环境,都容易走得进的"。那么这几种能力是什么呢?它们主要是:"国文无论私函公牍,文言白话,都能应用;英语(在需要区域)无论书信和会话,都能应用,尤重会话。而于课外特别注重服务(初中本有劳作科),例如,关于个人与团体生活的料理,关于机关、人的管理,物的管理,经费的管理(兼

《中国职业教育社创设比乐中学意旨书》。

略习初步会计），均就时间及环境之允许，酌使练习"。黄炎培等人满怀信心
地说："在中学六年中间，不变更规定课程，而能养成上开各种能力，于升学
不致有妨，而于就业取得特别便利。细细考虑一下，这些理想，怕不是做不到
的。"[1] 正基于此，比乐中学开办期间，以"教法教材之研究改进"为"教"
的中心，以"联络家庭，认识学生"为"训"的中心，在坚持"意旨书"所倡导的

[1] 黄炎培、江恒源、杨卫玉、何清儒、孙起孟：《中华职业教育社创设比乐中学意旨书》，载
《教育与职业》第201期，1946年12月。

"学费合作制"和学生"小级制"的前提下,在课程方面酌设职业学科,俾学生于不能升学时,仍有就业的条件,同时充实国文学科内容,使学生所学尽可能切合实用;从学生入学到毕业坚持贯彻对学生进行办事服务的训练,并注意加强对学生的个别指导和生活指导;举行"恳亲会",密切与学生家庭的联系,力求得到学生家长的协作和支持。

比乐中学成立后,黄炎培时时关心着学校的发展。如在1948年2月20日召开的职教社专家会议上,黄炎培就比乐中学的发展,发表自己的意见,认为在招生方面,为避免学生长途跋涉,学校"可以联络各小学与各小学的教师家长合作选取新生,由各小学书面选送后举行通讯考试,根据邮试选取一批学生,再通知到校面试,确定最后录取"。[1]

---

[1]《中华职业教育社三十七年度专家会议纪录》,载《教育与职业》第204期,1948年10月。

十一 拥护共产党 走进新中国

1949年3月25日下午，各方面民主人士在西苑机场迎接毛泽东、朱德等中共领导人。右四为黄炎培。

与共产党真诚合作，为建立新中国效力

抗战胜利后，特别是1946年的政治协商会议结束后，黄炎培对国民党蒋介石假和平真内战的阴谋认识得越来越清楚，相应地，也越来越认识到中国共产党的坦诚，并极力赞同其民主、和平建国的主张，大力支持中国共产党的正义事业。

进入1947年，国民党军队进一步加强了对解放区的进攻，为了和平，黄炎培继续奔走着。5月23日，他联合张澜、梁漱溟、章伯钧和韩兆鹗，向国民参政会提出《停止内战恢复和平案》，建议："确定政治解决党争的大原则，依据政治协商会议的精神及路线，重新举行和平会议，以达到全国统一的最高目的；"在恢复和谈之前停止征兵与征粮，切实尊重人权，保障人民自由，取消封禁刊物的禁令，释放政治犯等。然而，7月10日，国民党政府下达"戡乱"总动员令，黄炎培伤心至极，他特作《从此》一文，文曰："从此，中华民国很正式地陷于极不幸的状态里。从此，根据吾们一片爱国痴情所发出的热望，一时间感到绝望。"[1]

与此同时，自6月30日刘伯承、邓小平率四个纵队约13万人强渡黄河，发起鲁西南战役，揭开战略进攻的序幕后，人民解放军不仅在8月20日取得沙家店战役的胜利，结束了国民党军队对陕北的重点进攻；而且在8月27日，刘邓大军渡过淮河，挺进大别

---

[1] 黄炎培：《从此》，载《国讯》第421期，1947年7月。

山。眼见共产党不断取得胜利，国民党的反动统治已经摇摇欲坠，9月4日，黄炎培终于发出了"天快亮了"的感叹。为了制定中国共产党正确的行动纲领，争取革命胜利的早日到来，12月25日至28日，中共中央在陕北米脂县杨家沟召开中共中央扩大会议。在会上，毛泽东作了《目前形势和我们的任务》的报告，在深刻分析国内外形势的基础上，阐明了中国共产党在各个方面的纲领和政策。1948年初，当黄炎培读过这个报告后，深有感触地说："中共并未拒人于千里之外。两大局面已成过去，今后只有一大局面了，我们应该依靠中共并与中共取得联系。"

1948年4月8日，国讯书店及《国讯》杂志因发布民主进步思想，被国民党当局查封及停刊。《国讯》停刊后，在黄炎培的主持下，停刊已过半年的《展望》于5月1日从第2卷第1期开始重新出版。[1]新出版的《展望》由黄炎培、杨卫玉、潘朗、尚丁等人组成编委会，在内容和风格上与《国讯》十分近似，成为当时上海反映解放战争实情和宣传共产党方针政策的唯一窗口；而黄炎培也在上面发表了《我对民主并不灰心》等文章。

也就在《展望》重新出版的前一天，中共中央发布《纪念"五一"劳动节口号》（即"五一"号召），提出："全国劳动人民团结起来，联合全国知识分子、自由资产阶级、各民主党派、社会贤达和其他爱国分子，巩固与扩大反对帝国主义、反对封建主义、反对官僚资本主义的统一战线，为着打倒蒋介石，建立新中国而奋斗！""各民主党派、各人民团体及社会贤达，迅速召开政治协商会议，讨论并实现召集人民代表大会，成立民主联合政府。"[2]5月23日夜，民主建国会在黄炎培主持下，于上海秘密召开理监事联席会议，通过决议

---

[1]《展望》第1卷第1期于1947年10月7日出版，由罗涵先编辑，尚丁负责出版和发行，之后，由于经济、人力等原因停刊。

[2]中国民主同盟中央文史资料委员会编：《中国民主同盟历史文献（1941~1949）》，文史资料出版社1983年版，第419~420页。

《展望》第1卷第1期封面。

赞成"五一"号召。此后，中共中央决定，由潘汉年通过在港的孙起孟与黄炎培保持联系。

1948年9月，黄炎培又主动提出由中共派人负责《展望》周刊的编辑工作。此后，王元化受中共地下党的指派，在黄炎培的指导下，负责《展望》的编辑工作，两人配合十分默契，直到1949年3月18日，《展望》出至第3卷第18期被国民党查封为止。

1949年1月1日，蒋介石发表《新年文告》，声称愿与中共"商讨停止战事，恢复和平的具体方法"。1月21日，蒋介石"引退"后，代总统李宗仁于1月24日和1月25日，先后派出甘介侯和邵力子，拜访黄炎培、张澜、罗隆基，请他们出面斡旋国共关系。基于对国民党反动本质的认识及其玩弄假和平发动真内战卑鄙伎俩的憎恶，黄炎培等人严词拒绝了国民党的"要求"。2月3日，黄炎培又和张澜、罗隆基联合致函（黄炎培拟）李宗仁，明确拒绝充当调解人。

由于黄炎培不愿为国民党提出的"和谈"出力，他遂成为国民党特务暗杀的主要对象。与此同时，中共上海地下党则向黄炎培及时转达了中共中央欢迎他北上参加新政协会议的邀请。2月15日，在中共地下党的安排下，黄炎培秘密离开上海，赴香港会见中共代表。2月19日，黄炎培安全抵达香港。3月14日，黄炎培和夫人姚维钧及盛丕华、俞寰澄等离开香港，经天津赴北平参加新政协会议筹备工作。初春的北方，乍暖还寒。在3月20日由香港赴天津途中，黄炎培站在船上，望着自己的祖国、自己的家乡，深情地作了两首《海行》诗，盼望这片生他养他的大地，赶快"迎取一轮新的太阳，红！红"。3月25日上午，黄炎培一行安全抵达北平，董必武、李维汉等人前往迎接。当天下午，毛泽

1949年3月，黄炎培和姚维钧及女儿黄当时由香港赴天津时在船上。

东、周恩来、朱德、刘少奇等随中共中央进入北平，黄炎培到西苑机场迎接。

4月1日，经民主建国会常务理事会表决，由黄炎培代表民建在反对北太平洋公约的联合声明上签名。4月20日，南京国民政府拒绝接受《国内和平协定（最后修正案）》，国共谈判破裂。4月21日，中国人民革命军事委员会主席毛泽东和中国人民解放军总司令朱德发布了向全国进军的命令。4月23日，黄炎培和各民主党派负责人李济深、沈钧儒、章伯钧、马叙伦、谭平山、彭泽民、李章达、蔡廷锴、陈其尤联合发表声明，完全赞同并竭诚拥护"向全国进军"的命令，"以求迅速彻底消灭一切负隅抵抗之反动力量，完成解放全中国之任务"。[1] 此后，在解放上海的过程中，黄炎培做了许多积极的工作。如4月24日夜，黄炎培在人民广播电台向上海市民作广播讲话，号召上海市民作局部的和平运动；5月17日，他向拟任上海市副市长的潘汉年建议，在上海解放后，政府应恢复经济并救济失业，及早设立人民法院，并对外侨特别优待。

5月27日，上海全部解放。此前的5月18日凌晨，在狱中备受酷刑的黄炎培的次子黄竞武，惨遭国民党活埋，再次体验老年丧子之痛的黄炎培此时更加看清了国民党腐败的独裁统治，也更加坚定了跟着共产党进行革命的信心。

6月25日，身为新政协筹备委员的黄炎培、马寅初、陈叔通、盛丕华、包达三、邓颖超、张琴秋、邓裕志等一行回到上海，上海市副市长潘汉年、副秘书长沙千里，以及章汉夫、夏衍、冷遹、胡厥文、章蕴等均到车站欢迎。同一天，中共中央鉴于6月1日"电询关于聘请党外人士任上海市政府顾问事，迄今未得电复"，故又专门致电华东局并转上海市委，要求将黄炎培、陈叔通、盛丕华、包达三、颜惠庆、江庸、张元济、俞寰澄、施复亮、章士钊等14人聘为顾问，"俾其能因联系上海资产阶级而取得发言地位"；希望"吸引其参加一些工作，中心在动员上海资本家恢复生产，打通航运，打击帝国主义分子的阴

---

[1] 1949年4月23日《人民日报》。

黄竞武烈士像。

谋活动"。[1]7月29日,黄炎培回到北平。8月5日,美国国务院发表题为《美国与中国的关系》白皮书,颠倒黑白,捏造事实,公然诋毁中国共产党和即将成立的新中国。这份白皮书激起了黄炎培的极大义愤。他无法按捺心中的怒火,马上组织民建其他负责人召开座谈会,并于8月23日,由民建通过对美白皮书宣言,翌日,以《加强内部团结和警惕,答告美帝好梦做不成》为题,在《人民日报》发表严正声明。毛泽东读到该声明后,当天即致函黄炎培,说"民建发言人对白皮书的声明写得极好,这对于民族资产阶级的教育作用当

[1]中共中央文献研究室、中央档案馆编:《建国以来周恩来文稿》第一册,中央文献出版社2008年版,第27页。

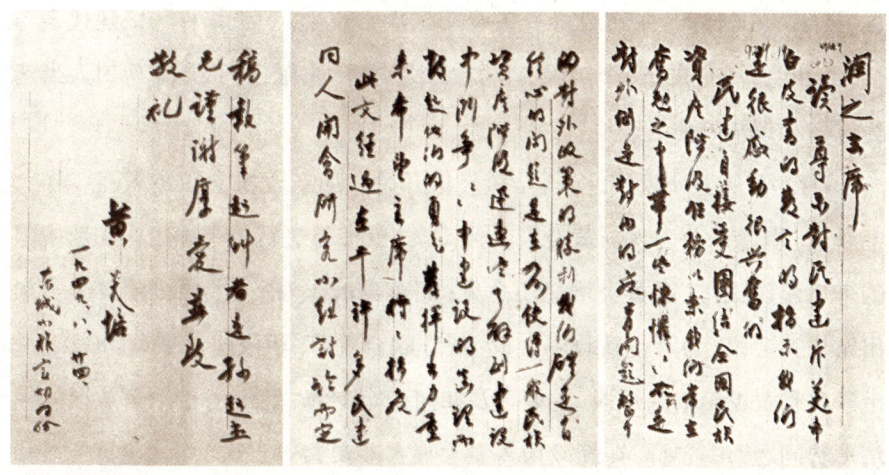

黄炎培致毛泽东信（1949年8月24日）。

是极大的"。[1]同一天，黄炎培回信毛泽东。8月26日，毛泽东再次写信给黄炎培："民建此次声明，不但是对白皮书的，而且说清了民族资产阶级所以存在发展的道理，即建立了理论，因此建立了民建的主动性，极有利于今后的合作"，[2]再一次对民建的这一声明给予高度的评价。

参加新政协会议

1949年6月11日，毛泽东和周恩来召集新政协第一次筹备会议，黄炎培和李济深、沈钧儒、章伯钧、郭沫若、马叙伦等各民主党派及其他方面人士参

[1]中共中央文献研究室选编：《毛泽东书信选集》，人民出版社1983年版，第333页。
[2]中共中央文献研究室选编：《毛泽东书信选集》，人民出版社1983年版，第335页。

加了会议。6月15日，在新政协筹备会第二次会议上，黄炎培作为民建代表与会，并和毛泽东、朱德、李济深、李立三、沈钧儒、沈雁冰、周恩来等21人当选为筹备会议常务委员。

7月29日从上海返回北平后，黄炎培开始参加新政协会议的筹备工作。毛泽东、周恩来等多次与黄炎培单独长谈，就即将进行的建国工作和新中国的未来建设工作，和黄炎培交换意见；而黄炎培作为民主党派的代表，多次出席相关会议，为筹备新政协会议，成立联合政府，积极建言献策。8月1日，毛泽东邀黄炎培单独长谈，主要涉及如何稳定上海、江浙一带新解放区的经济形势问题；9月13日，在新政协筹备会常务委员会第五次会议上，黄炎培和章伯钧、张奚若三人被推举审查人民政治协商会议议事规则（草案）；9月20日，参加中国人民政治协商会议第一届全体会议的单位和代表名额最后决定通过，黄炎培和章乃器、胡厥文、孙起孟、冷遹、杨卫玉等12人为民主建国会的正式代表。

1949年9月新政协筹备会常务委员合影。左四为黄炎培。

参加1949年9月21日新政协会议第一次会议的民建代表、候补代表。前排左二为黄炎培。

经过三个月的紧张工作,9月21日,中国人民政治协商会议第一届全体会议在中南海怀仁堂隆重开幕。此次会议至9月30日闭幕,会期计十天,出席代表662人,黄炎培作为民建代表与会。毛泽东、朱德、李济深、沈钧儒、郭沫若担任会议执行主席。黄炎培和刘少奇、宋庆龄、何香凝、张澜等在会上发言。在9月22日的会议上,黄炎培和刘少奇、何香凝、章伯钧、陈毅担任大会主席。9月25日晚8时,毛泽东、周恩来在中南海丰泽园召开协商国旗、国徽、国歌、纪年、国都等问题的会议,黄炎培和郭沫若、沈雁冰、陈嘉庚、张奚若、马叙伦、田汉、徐悲鸿、李立三、洪深、艾青、马寅初、梁思成、贺绿汀等18人与会。9月30日,黄炎培和陈毅等56人当选为中国人民政治协商会议第一届全国委员会委员和中央人民政府委员。10月1日上午，黄炎培和中央人民政府正副主席及其他委员宣布就职，中央人民政府成立。下午3时，中华人民共和国开国大典在天安门广场举行，黄炎培参加了典礼。中国人民从此站立起来了！站在天安门城楼上，黄炎培心潮澎湃。第二天一早，他激情赋诗——《天安门歌》（九首）：

归队五星旗下，高声义勇军歌。
新的国名定了，"中华人民共和"。

大野秧歌四起，红颜白叟黄童。
"中华人民领袖，出一个毛泽东"。

主义推翻帝国，友邦首重苏联，
今年"一九四九"，中华采用公元。

辽金元明清帝，帝京此地千年。
是人民的首都，今朝还我河山。

是自己的政府，是人民的武装。
画旗夜灯一色，天安门外"红场"。

"红场"三十万众，赤旗象征赤心。
赤心保卫祖国，赤心爱护人民。

"国民"改为"人民"，中间用意深深。
"民"众站立起来，堂堂地做个"人"，

为了革命牺牲，是"人民英雄们"。

英雄"永垂不朽"，立碑中华之门。

礼炮五十四发，单位恰符"政协"。

震起中国国魂，民主和平统一。[1]

10月19日，在中央人民政府委员会第三次会议上，黄炎培被任命为中央人民政府政务院副总理兼轻工业部部长。以往与官不做的黄炎培，如今突然做官了，而且是"高官"，有人纳闷，有人不解。对此，黄炎培在《参加行政工作一封公开信》中这样写道："人民政府，是人民的政府，是自家的政府。自家的事，需要人做时，自家不应该不做，是做事，不是做官。"他还说："以往坚拒做官是不愿入污泥，今天是中国共产党领导下的人民政府，我做的是人民的官呵！"[2]

老骥伏枥，为国献策

新中国成立后，黄炎培除担任政务院副总理兼轻工业部部长外，还在1952年7月始任中国民主建国会主任委员；1954年9月，当选为人大常委会副委员长；1954年12月，当选为全国政协副主席。任职期间，虽然他已届古稀之年，但身为"人民的官"，黄炎培老当益壮，兢兢业业，夙兴夜寐，献计献策，

---

[1] 1949年10月3日《人民日报》。

[2] 黄大能：《怀念吾父黄炎培》，见黄炎培：《八十年来——黄炎培自述》，文汇出版社2000年版，第226页。

为巩固、发展党的统一战线，为新中国的经济建设工作，作出了重要贡献。

新中国成立后，黄炎培和毛主席等国家领导人坦诚相见，时有书信往来，其中，对国家的大政方针，多有建议。如1950年4月，他两次给毛泽东和周恩来写信，反映苏南在土改中存在的各种实际问题，建议"必须快快予以有效地处理"，才能"把人心挽回了"。他在信中所提出的直率意见，引起了毛泽东等人的高度重视，其中有的主张和建议，不久即成为中央的决策。6月13日，他再次致信毛泽东，建议"战争快要完全结束，今后将正式踏上经济建设途径，和非党员团结合作这一种精神，希望推广到和技术家团结合作"。1953年上半年，黄炎培经过广泛的调查了解，总结整理出《工商联、民建工商问题

解放初黄炎培视察上海轻工业纺织厂。

座谈纪要》《各地工商情况反映》《私人企业劳资问题现状的一斑》《私营工商业现存的问题和解决的办法建议》等材料和书信,上报党中央,受到了毛泽东的高度重视和肯定。[1]1963年,黄炎培视察上海川沙毛巾工业后,即写信给当时的纺织部副部长荣毅仁,说:川沙是我国毛巾生产的发源地,但是目前还是原始的手工业生产方式,应该改变这一落后面貌。纺织部很快拨出了一批自动织机装备川沙各厂,使川沙的毛巾工业设备从木机、铁机时代跨越到自动织机时代。毛巾的品种、质量和产量等焕然一新。

在繁忙的国事工作之余,黄炎培努力学习,追求思想进步。在他身上,永远保留着热爱祖国、与时俱进的精神!

1953年夏,他利用去北戴河疗养的一个半月时间,读完了《资本论》第一卷,并写了《读〈资本论〉第一卷》,于1954年出版。7月30日,毛泽东复信黄炎培:"先生读马克思著作有心得,可为祝贺。"此后,黄炎培领导民建,配合党中央,积极开展对资本主义工商业的社会主义改造活动。如,在1954年3月1日,黄炎培应上海工商界之请,作了《工商界朋友们,大家在总路线光辉照耀下,更加紧密地跟着伟大的中国共产党毛主席走》的演说,阐述了工商界在社会主义改造中,所应做好的准备工作。

1956年11月,中国民主建国会召开第一届中央委员会第二次会议,这也是在经历社会主义改造后民建召开的一次重要会议。这次会议采用团结——批评——团结的方式,大家畅所欲言,开展批评与自我批评,从而在思想上取得了一致。会后,黄炎培写信给毛泽东。12月4日,毛泽东复信黄炎培,肯定说:"批评和自我批评这个方法竟在你们党内,在全国各地工商业者之间,在高级知识分子之间行通了,并且做得日益健全,真是好消息。"[2]翌年5月,

---

[1]王华斌:《黄炎培传》,山东文艺出版社1992年版,第283页。
[2]中共中央文献研究室选编:《毛泽东书信选集》,人民出版社1983年版,第514页。

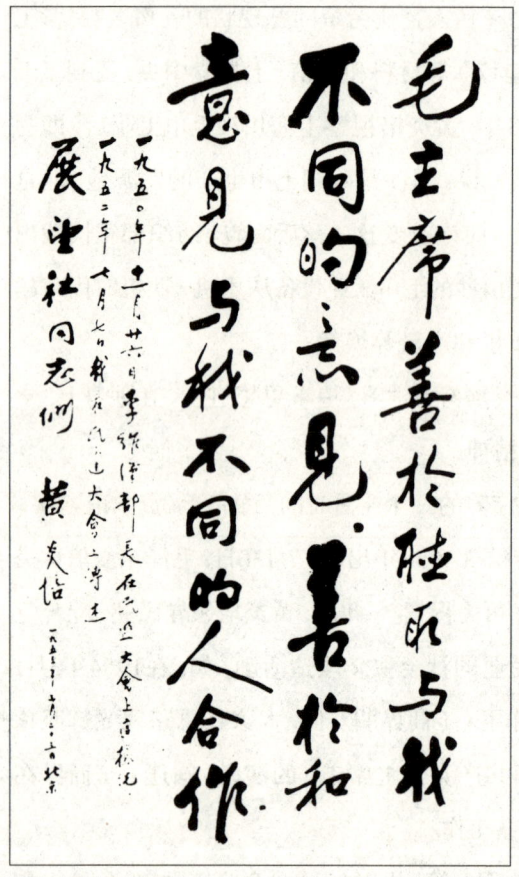

毛主席善於聽取与我不同的意見，善於和意見与我不同的人合作。

一九五〇年十二月廿六日季维汉部长在六亿〇大会上询毛主席

一九五二年七月七日我在政协大会二学生

展望社同志們 黄炎培

一九五一年十二月二十日黄记

黄炎培手书影印件。

职教社举行建社40周年纪念大会，会议结束，黄炎培作诗八首，写成条幅送给毛泽东，毛泽东称赞说：任老是诗好、字好、思想好！

此后，与时俱进的黄炎培并没有停止脚步，在工作之余，他仍然在时时地反省自己，努力提高自己。1958年2月6日，黄炎培出席人大全会，作题为《认识大时代，改造做新人，大家鼓起干劲，来建设社会主义新中国》的发言。在发言中，他说，我自己八十多岁了，"但活下去，我现时在、以后还要在中国共产

1957年毛泽东和黄炎培（左二）等人在一起。

党领导下，认真接受改造，参加社会主义的建设工作。同时好好学习，向工人阶级学习，通过思想改造，努力学习掌握马克思主义的世界观，把从几十年资产阶级社会里生长出来、养大起来的我，彻底改造成为一个忠于社会主义的工人阶级的知识分子"。[1]

　　1965年12月21日凌晨4时34分，黄炎培因病在北京逝世，终年88岁。随之，治丧委员会成立，朱德为主任委员。是日下午，黄炎培遗体告别仪式举行，朱德、周恩来、彭真、郭沫若、陈毅等党和国家领导人向黄炎培遗体告

[1]《黄炎培副委员长的发言》，见《中华人民共和国第一届全国代表大会第五次会议汇刊》，人民出版社1958年版，第266页。

全国人民代表大会常务委员会副委员长

黄炎培先生在京逝世

朱委员长周总理等向黄炎培遗体告别

新华社二十一日讯 中华人民共和国全国人民代表大会常务委员会副委员长、中国人民政治协商会议全国委员会副主席、中国民主建国会主任委员黄炎培先生，因病诊治无效，于一九六五年十二月二十一日上午四时三十四分在北京逝世。黄炎培副委员长是江苏省人，享年八十八岁。

黄炎培副委员长逝世前，周恩来总理、彭真、康生副委员长和政协全国委员会副主席徐冰等，曾前往医院看望他。

新华社二十一日讯 我国国家领导人、各民主党派和有关方面的负责人，今天下午向黄炎培副委员长的遗体告别。

向黄炎培副委员长遗体告别的有：全国人民代表大会常务委员会委员长朱德，国务院总理、中国人民政治协商会议全国委员会主席周恩来，全国人民代表大会常务委员会副委员长彭真、康生、郭沫若、李雪峰、杨明轩、程潜、林枫、刘宁一，国务院副总理陈毅等。

前往向遗体告别的还有：政协全国委员会副主席徐冰、李四光、傅作义、沈雁冰、李烛尘、许德珩、李德全，最高人民法院院长杨秀峰，中国民主建国会主任委员南汉宸、施复亮、胡子昂，在北京的人大常委会委员，政协全国委员会常务委员，各民主党派负责人，中国民主建国会中央常务委员、中央委员和民建中央各部门的负责人，以及黄炎培副委员长的生前友好等等。

在举行告别仪式时，黄炎培副委员长的夫人、子女及其亲属在旁守灵。

黄炎培副委员长的遗体于今天下午火化。

讣　　告

全国人民代表大会常务委员会副委员长、中国人民政治协商会议全国委员会副主席、中国民主建国会主任委员黄炎培先生于一九六五年十二月二十一日上午四时三十四分在北京因病逝世。择日举行公祭。特此讣告。

黄炎培副委员长治丧委员会

黄炎培副委员长治丧委员会通告

定于十二月二十三日（星期四）上午九时至下午四时为吊唁黄炎培副委员长的时间，地点在中山公园中山堂。凡团体或个人吊唁，请在上述时间内前往。公祭时间另定。

治丧委员会办公处设在中山公园中山堂，电话：三三局六三〇〇，三三局六七〇〇

黄炎培副委员长

治丧委员会名单

新华社二十一日讯 黄炎培副委员长治丧委员会在二十一日成立，名单如下：

主任委员：朱德

委员：（按姓名笔划排列）

马叙伦　王良仲　韦国清　邓子恢
平杰三　叶剑英　刘宁一　刘伯承
刘国钧　刘澜涛　许涤新　许德珩
孙起孟　孙晓村　沈雁冰　宋任穷
苏子馨　李井泉　李四光　李宗仁
李烛尘　李雪峰　李德全　杨洪青
杨明轩　何香凝　张治中
阿沛·阿旺晋美　陈叔通　陈其尤
陈毅　林枫　罗叔章
帕巴拉·格列朗杰　季方
周建人　周恩来　施复亮　荣毅仁
南汉宸　胡子昂　胡厥文　高崇民
郭沫若　郭棣活　徐冰　徐向前
康生　钱瑞蕻　彭真　董必武
惠裕宇　程潜　傅作义　赛福鼎
蓉塑特　颜代道

《人民日报》上刊登的黄炎培逝世的消息。

首都各界公祭黄炎培副委员长

朱委员长主祭　周恩来邓小平等陪祭　刘宁一致悼词

新华社二十四日讯 首都各界人民今天上午在中山公园中山堂公祭全国人民代表大会常务委员会副委员长、政协全国委员会副主席、民主建国会主任委员黄炎培先生。

在中山堂的中央，悬挂着黄炎培副委员长的遗像，遗像前陈放着黄炎培副委员长的骨灰盒，遗像两旁摆着毛泽东、刘少奇、宋庆龄、董必武、朱德、周恩来等党和国家领导人送的花圈，还摆着中共中央委员会、全国人民代表大会常务委员会、政协全国委员会、国务院和其他国家机关、中国民主建国会以及其他各民主党派、各人民团体送的花圈。

公祭仪式开始，全国人民代表大会常务委员会委员长朱德主祭。陪祭的有周恩来、邓小平、邓沫若、杨明轩、程潜、林枫、刘宁一、徐冰、高崇民、李烛尘、许德珩、南汉宸、施复亮、胡子昂、季方、陈其尤、苏子蘅、荣毅仁、邵力子等。

参加公祭的，有政协全国委员会副主席李四光、傅作义、沈雁冰、李德全，最高人民法院院长谢觉哉，国务院各部、委负责人，全国人民代表大会常务委员会委员和人大代表，政协全国委员会常务委员和政协委员，中国民主建国会、中华全国工商业联合会、各民主党派、各人民团体的负责人，民建中央委员和北京市民建、工商联的负责人，以及黄炎培先生的亲属和生前友好。

公祭时，乐队奏哀乐。主祭人朱德委员长向黄炎培副委员长遗像献花圈。

接着，由全国人民代表大会常务委员会副委员长刘宁一致悼词。他说，黄炎培先生和我们永别了，我们怀着沉痛的心情，表示深切的哀悼。黄炎培先生是一个爱国的民主主义者。他一八七八年，出生于江苏省川沙县的一个封建家庭。早年受学于上海南洋公学，一九〇二年应江南乡试中举，加入孙中山先生领导的同盟会，参加了辛亥革命和反对袁世凯复辟的斗争。他说，一九三七年七七事变以后，日本帝国主义大举入侵中国，黄炎培先生走向国难一方，参加了抗日救亡运动，同中国共产党和进步人士有了接触。抗战期间，他代表中华职业教育社同其他民主党派一道，参加发起了中国民主政团同盟。一九四五年，黄炎培先生和各党派人士及沿海一部分社会知名人士为了促进团结共同反对内战，和黄炎培等人到毛主席接触，受到了毛主席和中国共产党的深切关怀，写成了《延安归来》一书，在国内当时他对党和毛主席的敬佩。

他说，一九四五年八月，黄炎培先生以各民主党派和无党派人士，筹备发起组织民主建国会。同年十二月，民主建国会正式成立，被推选为召集人。一九四八年，民主建国会……

周恩来朱德邓小平吊唁黄炎培副委员长

新华社二十四日讯 中共中央副主席、国务院总理、政协全国委员会主席周恩来，中共中央政治局委员、人大常务委员会副委员长朱德，中共中央总书记、国务院副总理邓小平，今天上午前往中山公园中山堂吊唁黄炎培副委员长。

今天上午前往中山堂吊唁的，还有国务院副总理李富春、李先念，人大常务委员会委员郭沫若、程潜、林枫、刘宁一，政协全国委员会副主席徐冰、高崇民、李德全、傅作义、沈雁冰、李烛尘、李维汉，最高人民法院院长谢觉哉。

吊唁黄炎培副委员长逝世

胡志明主席和长征主席分别致电朱委员长

新华社二十四日讯 全国人民代表大会常务委员会委员长朱德，收到了越南民主共和国主席胡志明发来的吊唁全国人民代表大会常务委员会副委员长黄炎培逝世的电报，电文如下：

中华人民共和国全国人民代表大会常务委员会委员长朱德同志：

惊悉中华人民共和国全国人民代表大会常务委员会副委员长黄炎培先生于一九六五年十二月二十一日逝世，我谨向您和黄炎培先生的眷属表示深切的哀悼。

胡志明

一九六五年十二月二十四日

新华社二十四日讯 全国人民代表大会常务委员会委员长朱德，收到了越南民主共和国国会常务委员会主席长征发来的吊唁全国人民代表大会常务委员会副委员长黄炎培逝世的电报，电文如下：

北京

中华人民共和国全国人大代表大会常务委员会委员长朱德同志：

惊悉中华人民共和国全国人民代表大会常务委员会副委员长黄炎培先生逝世，我们感到十分悲痛。我代表越南民主共和国国会常务委员会，并以我个人的名义，盖向您，并通过您，向兄弟的中国人民、中华人民共和国全国人民代表大会和黄炎培先生的亲属致以沉痛的哀悼。

越南民主共和国国会常务委员会主席　长征

一九六五年十二月二十二日于河内

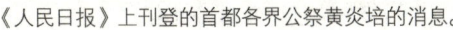

党和国家领导人周恩来、朱德、邓小平、郭沫若、杨明轩、程潜、林枫等在黄炎培副委员长遗像前献花圈。　新华社

《人民日报》上刊登的首都各界公祭黄炎培的消息。

别。12月24日上午，首都各界人士在中山公园中山堂公祭黄炎培，中山堂里放着黄炎培的骨灰盒，黄炎培的遗像两旁，摆着毛泽东、刘少奇、宋庆龄、董必武、朱德、周恩来等党和国家领导人以及中共中央、全国人大、全国政协、国务院等送的花圈。朱德委员长主祭，周恩来总理、邓小平副总理、郭沫若副委员长等陪祭，人大常委会副委员长刘宁一致悼词。悼词对黄炎培早年加入同盟会、参加辛亥革命，抗战时期奔走国事、参加抗日救国运动，抗战胜利后促进国共两党恢复和平谈判等，给予了肯定，并评价说，"中华人民共和国成立之后，十多年来，黄炎培先生作为中国民主建国会的主要领导成员，在参加国家的政治活动方面和推进中国民主建国会会务方面，作出了自己的贡献"，近年来，"参加了党领导的社会主义革命和社会主义建设"，他"是一个爱国的民主主义者"。[1]

---

[1]《首都各界公祭黄炎培副委员长》，载1965年12月25日《人民日报》。

后　记

　　最初接触黄炎培的资料，是1993年在华东师范大学读硕士翻阅江苏省教育会的相关文献时；1997年，在杭州大学读博士时，导师田正平先生和周志毅同志合著的《黄炎培教育思想研究》出版，认真阅读后，对黄炎培方有较多的了解。不过，真正涉足黄炎培的研究，则是在2006年。这年5月，由中华职业教育社主办的"黄炎培职业教育思想研讨会"在北京举行，我应邀与会，因应会议要求要作一个发言，即认真查阅了黄炎培的相关文献，其中包括大量的原始文献。

　　2007年3月，我来到位于重庆北碚的西南大学任教，而曾经作为中华职业教育社总社所在地和黄炎培活动与战斗的地方，重庆包括北碚藏有丰富的有关职教社和黄炎培的资料，具有开展黄炎培研究得天独厚的优势。所以，当2010年暑期《中国职业教育史》一书的写作行将告竣，基于自己对学术界在黄炎培研究方面的认识，怀着对黄炎培研究强烈的兴趣，更是出于对黄炎培先生的敬仰和爱戴，我毅然决定将近期自己主要的学术研究领域确定为"黄炎培研究"。

　　如今，这部《黄炎培画传》，可以说是我在"黄炎培研究"上"迈出的第一步"。在写作中，我力求从史料出发，力争在前人已有的研究上有所新意。不过，由于黄炎培先生一生跨越清末、民国、新中国三个不同的历史时期，交往、活动广泛，著述繁多，思想博大，自己在写作本书中，深感艰难，虽尽力而为，想必会有疏失。期待读者指正！

感谢储朝晖研究员的信任，将《黄炎培画传》一书的写作任务约请于我，使我对黄炎培先生有了更为全面的认识；在写作过程中，得到了田正平先生的指导；责任编辑李涛同志付出了辛勤劳动。在本书出版之际，谨表示由衷的感谢！

谢长法

2013年3月18日于西南大学教育学部

把教育办得更好

（代跋）

储朝晖

提倡教育家办学是提升中国教育品质的必由路径，令人遗憾的是，近三十年对教育的实地调查使我深感无论是在教育业内还是整个社会，对教育家的认识都是极度模糊的。

在我心存为解决这一问题做点什么的愿望时，四川教育出版社前任社长安庆国先生说他一直想出版一套《20世纪中国教育家画传》丛书而未能如愿。于是，我们决定合力将这件事做好，以期对传承、传播教育家的办学理念，促进教育家办学有所裨益。这便是这套丛书编写和出版的缘起。

在丛书编写和与各卷作者交流的过程中我体会到，一个时代是否有教育家是与两个方面相关的：一是这个时代是否需要教育家；二是这个时代是否具有产生教育家的环境。可以说任何时代都有具有教育家潜能和品质的人，但只有独立思考，并能依据其独立思考自主实行教育教学的人，才能成为教育家。因此，凡是学人能够自主的时代，出现教育家的概率就高；而在学人不能自主的时代，就不会出现教育家。如果真的期望教育家出现，就要创造教师能够自主教学，学生能够自主学习，校长能够自主办学的社会与制度环境，否则就不可能出现真正的教育家，也不可能培养出杰出人才。

教育家的认定最可靠的方式是社会认同，获得较高社会认同的教育从业者，能被社会高度认同为教育家的人就是教育家。当今尚不存在哪个专家或某个机构具有确认教育家的资质。限于条件，这套丛书还不能对所选传主通过全民投票的方式来确定，但所选的十位传主确是经过教育史专业的学者海选而产生的，他们选出了王国维、蔡元培、陶行知、张伯苓、胡适、梅贻琦、黄炎培、徐特立、陈鹤琴、晏阳初，在20世纪中国教育史上，他们发挥的教育家作用是毋庸置疑的。令我们感到惊诧的是，他们在那个年代就已经相互认识，大都有过直接交往，其中一些人之间还是挚友，这应是志同道合使然。

除了外部认同，教育家必备的内部品质有三种：一是博爱之心，执著地爱学生、爱教育工作、爱人类未来的发展；二是独立思考和不懈求新，教育已经是数千年的专业工作，不能独立思考和创新的人是难以成为教育家的；三是有从事教育工作的专业潜质，能敏锐地发现教育问题，并以独特的思考和行为解决问题。有了这三种品质，在外部条件许可的情况下就会产生诸如教育思想、办学业绩、论著等结果。

是否称得上教育家，最根本的是看他是否教人做人，能否依据学生不同的潜能、个性和志向培养出值得他自己崇拜的人。一个人的学业成绩仅仅是他成长发展的一个方面，学业成绩高并不一定就发展得好，教出考试成绩高的学生也不是教师成为教育家的垫脚石。近三十年来有不少学生得了各类国际奥林匹克奖，却未能成长为相关领域真正的专家。陶行知主张办知情意合一的教育，有一段很有针对性的话："知情意三者并非从割裂的训练中可以获取。书本教育也许可以使儿童迅速获得许多知识，神经质的教师也许可以使儿童迅速地获得丰富的感情，专制的训练也许可以使一个人获得独断的意志，但我们何所取于这样的知识，何所取于这样的感情，何所取于这样的意志？知情意的教育是整个的，统一的。知的教育不是灌输儿童死的知识，而是同时引起儿童的社会兴趣与行动的意志。感情教育不是培养儿童脆弱的感情，而是调节并启发儿童应有的感情，主要的是追求真理的感情；在感情之调节与启发中使儿童了解其意义与方法，便同时是知的教育；使养成追求真理的感情并能努力与奉行，便同时是意志教育。意志教育不是发扬个人盲目的意志，而是培养合于社会及历史发展的意志。合理的意志之培养和正确的知识教育不能分开，坚强的意志之获得和一定情况下的情绪激发与冷淡无从割裂。现在我们要求在统一的教育中培养儿童的知情意，启发其自觉，使其人格获得完备的发展。"[1]坦率地说，现在不少学校的学生成绩就是以割裂的方式获取的，这样的学校教育就不能说是真正在教育人，也不可能造就出教育家。如果不能走出这个误区，教育家的出现就永远只能是梦想，教育家办学就只会蹈空。

中外历史上所有教育家的人生旅程都是历经波折、艰难求索的过程，他们虽未自称是教育家，却都在青年时期就有高远的志向，如孔子"十有五而志于学"、陶行知"要让每个中国人都受到教育"，都是普通而又高远的追求。为了实现人生目标，他们不畏权势、不为名利，"捧着一颗心来，不带半根草去"，贫贱不移、富贵不淫、威武不屈、美人不动。教育家的出现首先需要有尊道抑势、以人类发展进步为己任的大胸怀，需要终生不辍的求索和行动。

教育家群体的出现需要有适宜的制度与社会环境，要让有教育家天赋的人敢想、敢干，能想、能干，这种社会条件往往不是一个人、一个机构、一个政策所能创造的。从现实状况看，教师的自主性和创造性未能得到充分发挥确是现有教育管理体制的缺陷，而改变现有体制使更多的人能遵循教育内在规律更高效地工作，就是应该尽快解决的实际问题。

这套丛书突出传主的教育思想、办学理念、办学实践，尤其凸显传主的教育家精神，希望真正激励一批有志教育的人成为教育家，切实有效地推动中国的教育家办学进程。

---

[1]陶行知：《育才学校教育纲要草案》，《陶行知全集》（第4卷），四川教育出版社2009年版，第382~383页。

这一想法的实施是一项艰巨的任务。黄延复先生因与我都有弘扬大学精神的共同心愿而成为忘年之交，在《梅贻琦画传》的写作过程中，我俩仅打过几次电话，便能对对方的想法灵犀相通。在他的指导下，青年学者钟秀斌领悟得很到位，花一年多时间完成了《梅贻琦画传》书稿。年近八旬的戴永增先生，二十多年如一日地进行徐特立研究，我俩因此而成为无话不说的老朋友。说起徐特立，他就像做专题报道，滔滔不绝、如数家珍。为了《徐特立画传》的编写，他亲自找到北京理工大学郭大成书记，要求将这一工作列为该校的一个科研项目；同时他再三鼓励、全力帮助以靳贵珍老师为主的青年学者写作，提携后辈不遗余力。当书稿完成后他在电话中明确坚定地告诉我自己不署名。著名青年传记作家窦忠如在时间很紧的情况下承担了《王国维画传》的写作任务，显现出对大师的诚敬和对弘扬教育家精神的担当。华东师范大学中国史学研究所房鑫亮教授和他的博士生徐旭晟对《王国维画传》的写作也给予了支持。这本身就是本套丛书所追求的精神境界之一。

对本套丛书给予直接帮助的个人和团体还有：中国人民大学教授程方平，中国教育研究院徐卫红、夏辉映，北京师范大学教授顾明远、孙邦华，北京理工大学教育研究院，在此一并致谢。此外，由于本套丛书参考的文献浩繁，标注的引文及参考文献或属挂一漏万，对于这种情况，我们在此一并致歉并致谢！

在本套丛书即将出版之际，真诚感谢对各位传主研究有素的专家乐意担任各分册作者。在这个作者队伍当中，既有与我交往数十年的老朋友，也有为完成这次任务而结识的新朋友。在编写和出版这套丛书的基本理念上，我们在认识上高度一致，在情感上高度愉悦，遇到各种困难能够设法克服，较好地保证了这套丛书的内容深度和质量。在此，尤其要感谢前辈学者黄延复、宋恩荣、梁吉生、戴永增、金林祥诸位先生，他们有人和我交谈时说这次的写作是绝笔之作，更令我肃然起敬且感到难以担当，但愿我们的真诚能有助于读者更好地领会各位教育家的精神真谛，碰撞出当今社会更多的真诚，把教育办得更好。

四川教育出版社现任社长雷华、总编辑胡宇红、副社长李晓翔和王积跃对整套书的出版给予了大力支持；张纪亮主任和各位责任编辑为丛书出版花费了大量精力；同时我的爱人胡翠红做了大量资料查阅、梳理工作。在此一并致以诚挚的谢意！

尽管本人及各位作者在写作时尽了最大努力，但丛书的缺点和不足在所难免，恳请方家和读者批评指正，所提意见可直接发到我的邮箱：chu.zhaohui@163.com，在此先致谢忱。

2012年3月28日